第一批全国重点文物保护单位
茂陵
时代 西汉
国务院总编号 第165号
古墓葬分类号 第4号
陕西省人民委员会
1962129

監修者——木村靖二／岸本美緒／小松久男／佐藤次高

［カバー表写真］
漢の武帝
（北京，中国国家博物館蔵）

［カバー裏写真］
漢代の宮廷
（山東省鄒県，鄒城漢画石刻）

［扉写真］
茂陵
（陝西省咸陽）

世界史リブレット人12

武　帝

始皇帝をこえた皇帝

Kenshi Tomita
冨田健之

目次

秦皇漢武

前八七年、当時の暦で後元《こうげん》二年の二月。一六歳で皇帝の座について以来、在位五四年におよんだ漢の武帝（前一五六～前八七、在位前一四一～前八七）、劉徹《りゅうてつ》が死の床に伏した。長安の西の五柞宮《ごさくきゅう》に行幸したときのことである。死を覚悟した武帝には、重い課題が残されていた。それは、自分の跡継ぎを誰にするのかという問題であった。皇太子であった長子劉拠《りゅうきょ》は、四年前に起こった「巫蠱《ふこ》の乱」（七五頁参照）にて自殺してしまっていた。ほかに五人いた皇子のうち、二人はすでになく、残る三人のうち成人に達していた二人はともに過失が多く、父によって遠ざけられていた。そして最後の一人、末子の弗陵《ふつりょう》はまだ八歳の幼子であった。しかし、死を目前にした武帝に選択の余地はなかった。弗陵を皇太子に立て、霍光《かっこう》、金日磾《きんじつてい》、上官桀《じょうかんけつ》という信頼する三人の側近の臣に遺詔《いしょう》して、幼主の輔翼《ほよく》を命じた（第四章参照）。武帝がこの世を去ったのは、その二日後のことであった。

さて、漢の武帝を語るに、彼の人生の最後の場面から始めてしまった。しかし、それには筆者なりの理由がある。武帝が漢代史あるいは中国古代史においてはたした歴史的役割を考えるにさいしては、彼の死というものがキーワードになると考えているからである。それが本書の命題でもあるが、とりあえず、その理由の一端を述べてみたい。

「秦皇漢武《しんこうかんぶ》」という言葉がある。秦（?〜前二〇六年）の始皇帝▲と漢の武帝を一括りにした表現である。中国古代史において異彩を放つこの二人の皇帝を対比的に取り上げる視点は、古くからある。北宋（九六〇〜一一二七年）の司馬光《しばこう》▲は『資治通鑑《しじつがん》』▲（巻二二）のなかで次のように論じている。

武帝は贅沢を窮《きわ》め、欲望を極《きわ》め、刑罰をさかんに用い、賦税を重くした。国内では宮殿に金をかけ、国外では周囲の異民族と戦い、神怪を信じて惑わされ、さかんに各地を巡遊して、民衆を疲弊させた。そのため盗賊とな

▼**秦の始皇帝**（前二五九〜前二一〇）　姓は嬴《えい》、諱《いみな》は政。一三歳で秦王になる（前二四七）。その後、戦国諸国を次々と征服し、前二二〇年、史上初めて中国世界の統一を達成する。皇帝という称号を初めて用い、度量衡・文字・貨幣・車軌の統一をはかるなど、統一事業を展開する。その一環として、征服した戦国諸国の旧地に支配をおよぼすべく巡幸を繰り返したが、第五回の東方巡幸の途次、発病し急死した。

▼**司馬光**（一〇一九〜八六）　北宋の政治家・学者。神宗のとき、王安石の新法に反対して政界を退き、『資治通鑑』の編集に専念する。哲宗の即位で宰相となり、新法を廃止した。

▼**『資治通鑑』**　司馬光撰による戦国時代の初め（前四〇三）から五代末（九五九）までの編年体の歴史書。名著の評高く、為政上の鑑《かがみ》と賞されてこの名を賜った。

る者もでる始末であった。こうしてみると秦の始皇帝と異なるところはないに等しい。しかし、秦はそのために滅んでしまい、一方漢はその後も繁栄したのは、武帝がよく先王の教えを尊び、おさめ守るべきところを正しく知っていたからである。忠義で正直な言を受け入れ、人が欺き隠すことを悪《にく》み、賢者を倦《あ》くことなく好み、賞罰が厳正で公平であった。晩年になって過ちを悔い改め、後事を託すに人をえた。こうしたことが、秦と同じ過ちを犯しながら、秦と同じ禍《わざわ》いを受けずにすんだ理由である。

ここには、両者の共通性と相違点とが述べられているが、共通性の一つとして筆者が指摘したいのは、二人ともその死の直前あるいは直後に、自らの後継者と考えていた皇子を喪《うしな》い、そしていずれも年若い皇子が後継皇帝の座についたことである。始皇帝の場合は、彼の死の直後に、遺詔が改竄《かいざん》され、彼が後継者に指名した長子嬴《えい》扶《ふ》蘇《そ》は自殺に追い込まれ、二一歳（二〇歳という説もある）の末子胡亥《こがい》が即位した。二世皇帝である。一方武帝の場合は、右に述べたように、皇太子劉拠が巫蠱の乱において自殺したため、八歳の弗陵が急遽擁立された。武帝の死の二日前のことである。

このように、人生の終わりを迎えたときの状況が相似している「秦皇漢武」であるが、彼らなきあとの秦と漢との命運は、司馬光も指摘しているように決定的に異なっている。始皇帝なきあとの秦は滅亡への坂道を転がり落ちていき、かたや武帝なきあとの漢はといえば、紆余曲折ありながらもその後三〇〇年あまりも歴史を刻んでいった。この決定的差異はなにによって生じたのだろうか。

　中国世界に初めて統一をもたらし、最初の皇帝となった始皇帝という存在を、武帝がつねに意識し続けたであろうことは間違いない。なにせ二人の生きた時代は、わずか半世紀あまりの隔たりしかないのだから。そして武帝は、始皇帝あるいは秦の歴史から多くのことを学びとったことであろう。とりわけていかにすれば漢の支配、劉氏の皇帝支配を永続させることができるかという一点を。そのことが、「秦皇漢武」なきあとの秦と漢との命運に大きな差異をもたらすことになったと、筆者は考えるのである。武帝は、始皇帝から、あるいはその歴史からいったいなにを学んだのだろうか。本書は、そうした問題意識を筆者なりの視点から説き明かそうとしたものである。

　ところで、武帝の治世といえば、北方世界に強勢を誇った遊牧国家匈奴《きょうど》▲との

▼**匈奴**　前四世紀末以降、モンゴル高原に強勢を誇った遊牧騎馬民族。前三世紀の末、冒頓単于《ぼくとつぜんう》が諸部族を統一して北アジア最初の遊牧国家を建設、最盛期を迎えたが、漢の武帝のたびたびの征討で衰え、後一世紀南北に分裂した。

▼**郊祀**　古代中国で、天子が国都の郊外でおこなったとされる天地を祀《まつ》る大礼。武帝のときに天を祀る泰《たい》畤《じ》を甘泉宮《かんせんきゅう》（陝西省淳化県）で、地神を祀る后土《こうど》を汾陰《ふんいん》（山西省栄河県）でおこなうようになったが、その後、京師（天子の都、前漢では長安）の南北郊でおこなうこととなった。

国家の総力をかけた戦いをはじめとした対外政策や、それが一因となって破綻の危機に陥った国家財政を立てなおすべく実施されたいわゆる新経済政策、さらに郊祠《こうし》▲や封禅《ほうぜん》▲といった国家祭祀の整備などといった歴史的事柄がもりだくさんである。しかし、本書では皇帝支配という視点から武帝の治世をみていくこともあって、個別の歴史的事柄にふれることはほとんどできない。その点をあらかじめお断りしておきたい。

▼**封禅**　上古の帝王がその政治上の成功を天地に報告するため、泰山《たいさん》でおこなったとされる報天の祭儀。史実としては、前二一九年に始皇帝が封禅したのが始まりとされ、その後、漢の武帝、後漢の光武帝、魏の明帝、唐の玄宗、宋の真宗ら多くの帝王によって盛大に営まれている。

①―呉楚七国の乱と武帝の即位

「幸運な皇帝」だったのか

吉川幸次郎▲は、武帝を「幸運な継承者」だったと評し、その理由の一つとして、「武帝はその国家を、きわめて安定し充実した形で、父祖から受けついだ」ことをあげている。すなわち、始皇帝による郡県制▲の全国施行によっても克服できなかった、各地に分権勢力が存続するという封建遺制が、高祖（劉邦《りゅうほう》▲）以後の父祖の絶えざる努力によって、武帝即位の初めにはほぼ清算され、中国世界が一人の皇帝の統治に服するという体制が出現した。その意味で、一六歳で即位した武帝は恵まれた状況のもと皇帝としてのスタートを切ることができたというのだ。

こうした武帝に対する評価は、いわゆる定説として高校世界史の教科書にも反映されている。『新世界史B』（山川出版社）には、武帝が即位するまでの漢の政治が次のように説明されている。

高祖は漢を建国したのち、秦の過酷な政治方針を転換し、人民の生活安定

▼吉川幸次郎（一九〇四〜八〇）　中国学研究者。京都大学教授。主著に『元雑劇研究』『尚書正義』『杜甫私記』などがある。

▼郡県制　戦国時代にあらわれてくる中央集権的な地方行政制度。始皇帝による中国統一後、全国に施行されたとされる。君主（皇帝）の地域支配を集権的におこなうために、君主の手足となる官僚を地方官として派遣し、それら地方官をとおして直接支配を可能にする政治体制。その後の中国皇帝支配の基盤となる。

▼高祖劉邦（前二四七?〜前一九五）　漢の初代皇帝（在位前二〇二〜前一九五）。秦の泗水《しすい》郡沛《はい》県（現在の江蘇省沛県）の生まれ。両親の名すら伝わっていないことから、決して豊かとはいえない農民出身だったと思われる。地元で亭長《ていちょう》という下級役人となるが、職務上の失態から亡命した。秦末の反乱が勃発すると、それに乗じて地元沛県に拠って蜂起した。秦の滅亡後、楚漢抗争に勝利し、前二

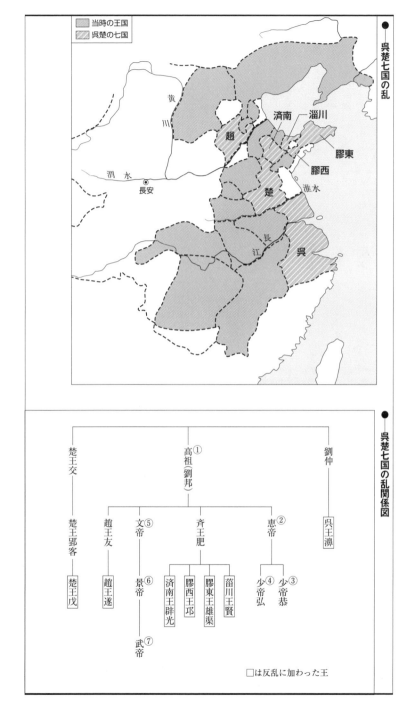

●呉楚七国の乱

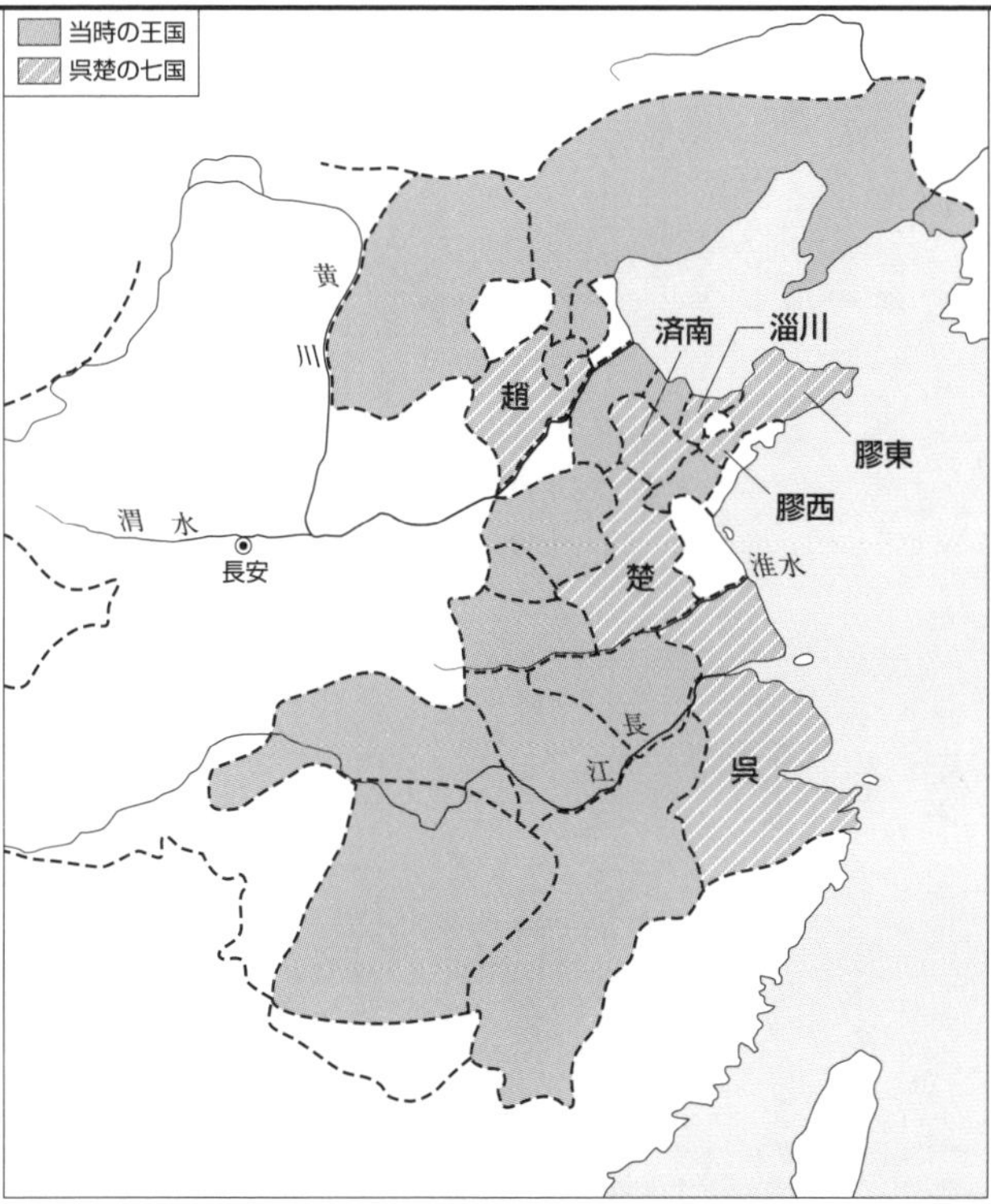

●呉楚七国の乱関係図

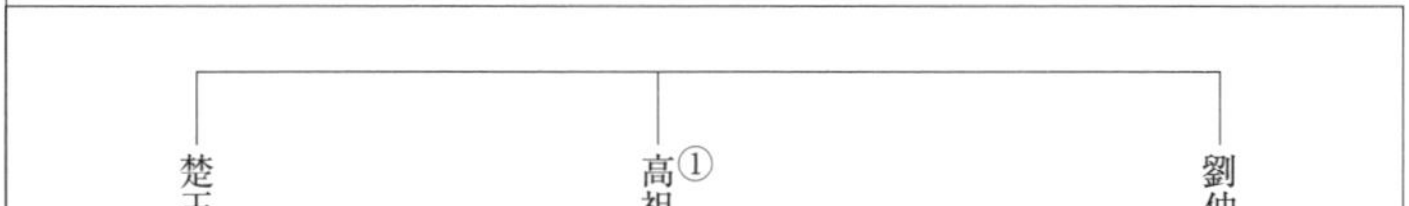

に主眼をおく政策をとった。また、秦による強引な郡県制の施行が反発をまねいたことを考慮して、郡県制と封建制を併用する郡国制を採用し、領土のかなりの部分を功臣や一族に世襲の領地(「国」)として分配した。しかしその後、領地を与えられた諸侯が中央の統制に従わなくなると、朝廷は諸侯権力の削減をはかり、それに抵抗する呉楚七国《ごそしちこく》の乱▲(前一五四年)が鎮圧されたのちは、実質的に郡県制とかわらない中央集権体制が成立した。

この記述だけでも、十分に要をえているが、いま少し補足して説明すると、漢は当初、秦の短命の原因が郡県制の強行にあったと考え、また高祖が楚漢《そかん》抗争▲のさいの同盟者による推戴というかたちで皇帝に即位したこともあったため、自らの直轄支配地における郡県制と、同盟者を王としてその統治を委ねた王国を併存させた郡国制を採用した。しかし、高祖やそのあとの皇帝たちは、郡県制による一元的支配をめざし、諸王国に対する一貫した抑損《よくそん》策を推進した。その結果、皇帝(中央政府)と諸王(国)との間の緊張がしだいに高まり、武帝の父景帝《けいてい》のときにいたって、世にいう呉楚七国の乱が勃発した。建国以来の最大の内戦となったこの戦いは、諸王(国)側の足並みの乱れや政府軍司令官の周亜夫《しゅうあふ》▲

○二年にともに戦った韓信・英布ら諸王たちの推挙により皇帝の座についた。その死後、高祖あるいは高帝と呼ばれた。

▼呉楚七国の乱　前一五四年、景帝が御史大夫の鼂錯《ちょうそ》の主張を容れて、諸侯王国の領地削減、王国縮小を実施したのに対し、呉王濞《び》と楚王戊《ぼう》が中心となり、趙・済南《さいなん》・菑川《しせん》・膠西《こうせい》・膠東《こうとう》の七カ国が奸臣鼂錯を討つと称して挙兵した反乱。政府軍により三カ月で鎮圧された。

▼楚漢抗争　秦滅亡後の中国の覇権をめぐって、西楚《せいそ》覇王《はおう》項羽《こうう》と漢王劉邦との間で繰り広げられた戦い。前二〇二年に、垓下《がいか》の戦いで項羽を破った劉邦が天下を掌握した。

▼周亜夫(?〜前一四三)　漢建国の功臣の一人、周勃《しゅうぼつ》の子。呉楚七国の乱にさいして、政府軍司令官として乱鎮定に活躍。その功をもって丞相に登用されるも、景帝と対立し失脚した。

の活躍などもあり、皇帝側の勝利に終わった。勝利した景帝が、反乱に荷担した諸王(国)の処罰や諸王(国)に対する統制強化などの戦後処理を断行したことで、次の武帝のときにいたって実質的郡県制支配、すなわち中央集権的な皇帝支配が完成した。

要するに、高祖による郡国制採用はネガティブな選択だったが、その後は絶えず郡県制支配への転換が志向され続け、呉楚七国の乱の勝利を機に一気にそれが達成されたというのである。そうした理解に立てば、吉川幸次郎がいうように、武帝は父祖の営々たる努力の結果としての遺産を受け継いだ、まさに「幸運な皇帝」ということになるだろう。

しかし、近年、こうした通説的理解に再考を求める動きが研究者のなかからあらわれてきている。その大要を紹介しておこう。漢初の郡国制という統治策は、広大な帝国をより有効に統治する方法として、高祖によって採用されたものであり、決して緊急避難的に郡県制と封建制とを折衷したものではなかった。それがために郡国制は、二代恵帝《けいてい》、五代文帝《ぶんてい》の治世においても維持され、それを基本とした国制の整備が進められていった。そうした「史実」からみても、漢初以来一貫して一元的中央集権統治がめざされたという従前の理解は、統一を自明のものとする後世の歴史観にたぶんに引き摺られたものであった。

それでは、景帝期にいたってなぜ郡国制の「利点」を捨て、実質的郡県制への転換がはかられたのか。郡国制における宗室▲諸王封建という原則の維持は、やがて宗室成員の増加とそれにともなう封地をめぐる宗室間の軋轢《あつれき》の発生・激化という事態を生み出すこととなった。そしてそれが呉楚七国の乱を誘発する一因になってくる。乱が収束したのち、王国領の細分化による王国数の増加とそれにともなう規模縮小がはかられたが、それは地方統治の質の低下という新たな問題を生じさせることになるなど、ここにいたって郡国制の弊害が一気に顕在化することとなった。そうした事態を受けて、前一四五年、「景帝中五年王国改革▲」が断行され、封建の名目を残しつつ、諸王を王国統治から切り離し、王国を実質的に皇帝（中央政府）の直轄地化するという国制の転換がはかられるにいたったのである。

こうした郡国制の理解をめぐる近年の研究は、「幸運な皇帝」とされた武帝の評価にも影響をおよぼすことになる。景帝による王国改革は、皇帝（中央政

▼宗室　漢代においては、皇帝の一族、皇族を意味する語として用いられる。

▼景帝中五年王国改革　『漢書』百官表・諸侯王条に「景帝中五年、諸侯王が国を治めることができないようにさせ、皇帝はそのために王国に吏を置いた」とあり、それまでほぼ中央政府と同様であった王国の官制を大幅に縮小するなどして、実質的に諸侯王を王国統治から排除する改革を断行した。

▼**長吏**　地方行政組織としての県に派遣される、中央任命の長官(令・長・相)と次官(丞・尉)を指す。また、県の上部組織の郡国の長官(守・相)および次官(丞・都尉)を意味する場合もあった。

府)が統治すべき直轄地を急激に拡大させた。その結果、直轄地の統治に要する地方官、とくに中央から派遣される長吏《ちょうり》▲の絶対的不足、中央官署における事務量の爆発的増加、そして王国財政の中央回収にともなう、国家財政に関わる構造改革の必要性増大、といった国家運営に関わる重大にして喫緊な課題が、新たに浮上してくることとなった。要するに、「景帝中五年王国改革」は次代の皇帝に、「安定し充実した」(吉川)国家をもたらしたのでは決してなく、重い「負の遺産」を引き継がせることになったとみるべきではないだろうか。

漢初の郡国制、あるいはその歴史性を以上のようにみるならば、武帝をして、父祖からその国家を安定し、充実したかたちで受け継いだ「幸運な皇帝」とみなすことは不可のようである。それどころか、父の代に惹起《じゃっき》された「負の遺産」ともいうべき、重い政治課題を背負わされた皇帝として登場したというべきであろう。

武帝の即位

呉楚七国の乱から数えて一三年、「景帝中五年王国改革」から四年たった前一四一（景帝後三）年、景帝がなくなった。跡を継いで皇帝の座についたのが、ときに一六歳であった武帝劉徹《りゅうてつ》である。父景帝の一四人いた皇子の第九子であった劉徹は、当初、皇帝の座からは遠い存在であった。彼の即位をめぐる経緯を簡単に紹介しておく。

　劉徹は、前一五六（景帝元）年、第六代皇帝である景帝とその側室の一人、王夫人との間に景帝の第九子として誕生した。景帝の皇后薄《はく》氏には子がおらず、前一五三年、寵姫《ちょうき》の栗姫《りっき》が生んだ劉栄が皇太子に立てられた。同年、劉徹は膠《こう》東王《とうおう》に封じられている。つまり、劉徹が父の跡を継いで皇帝の座につく可能性は、かぎりなく遠のいたわけである。しかし、その運命を大きく変える一人の女性が登場してくる。景帝の姉で名を嫖《ひょう》といい、館陶長公主《かんとうちょうこうしゅ》（公主は皇帝の娘で、長公主は長女）と呼ばれる女性である。彼女は自らの娘を皇太子妃にせんと、皇太子劉栄の母栗姫に近づくも拒絶されたため、劉徹の母王夫人と手を組み、栗姫ならびに皇太子に追い落とし工作▲を仕掛けた。それが成功し、前一五〇（景帝七）年正月に、皇太子劉栄は廃位されて臨江王《りんこうおう》となり、同年四月には王夫人がめでたく皇后に立てられ、その一二日後、膠東王劉徹は晴れて皇太子の座

▼追い落としの工作　竇太后の娘、景帝の姉として宮中に隠然たる影響力をもっていた館陶長公主（以下、長公主）は、その立場をさらに強めんとして自分の娘を皇太子劉栄の妃にしたいと、皇太子の母栗姫に申し入れた。しかし、長公主の日頃の横暴さをきらっていた栗姫がそれを拒絶したため、長公主は劉徹の母である王夫人に近づき、自分の娘と劉徹の婚姻を引き替えに、栗姫と皇太子劉栄の追い落としのために共同戦線を張った。長公主は弟景帝に対して、栗姫への誹謗中傷を連日のように繰り返し、他方王夫人は大臣をそそのかして、栗姫を皇后とするよう景帝に奏請させた。長公主の中傷により栗姫への不信感を強めていた景帝は、大臣の行動に激怒し、大臣を処刑するとともに、皇太子劉栄を廃位して臨江王とする決定をくだしたのである。栗姫は憂悶のうちに発病し死去してしまった。その後、王夫人は皇后に立てられ、劉徹が皇太子となったのである。

武帝系図①

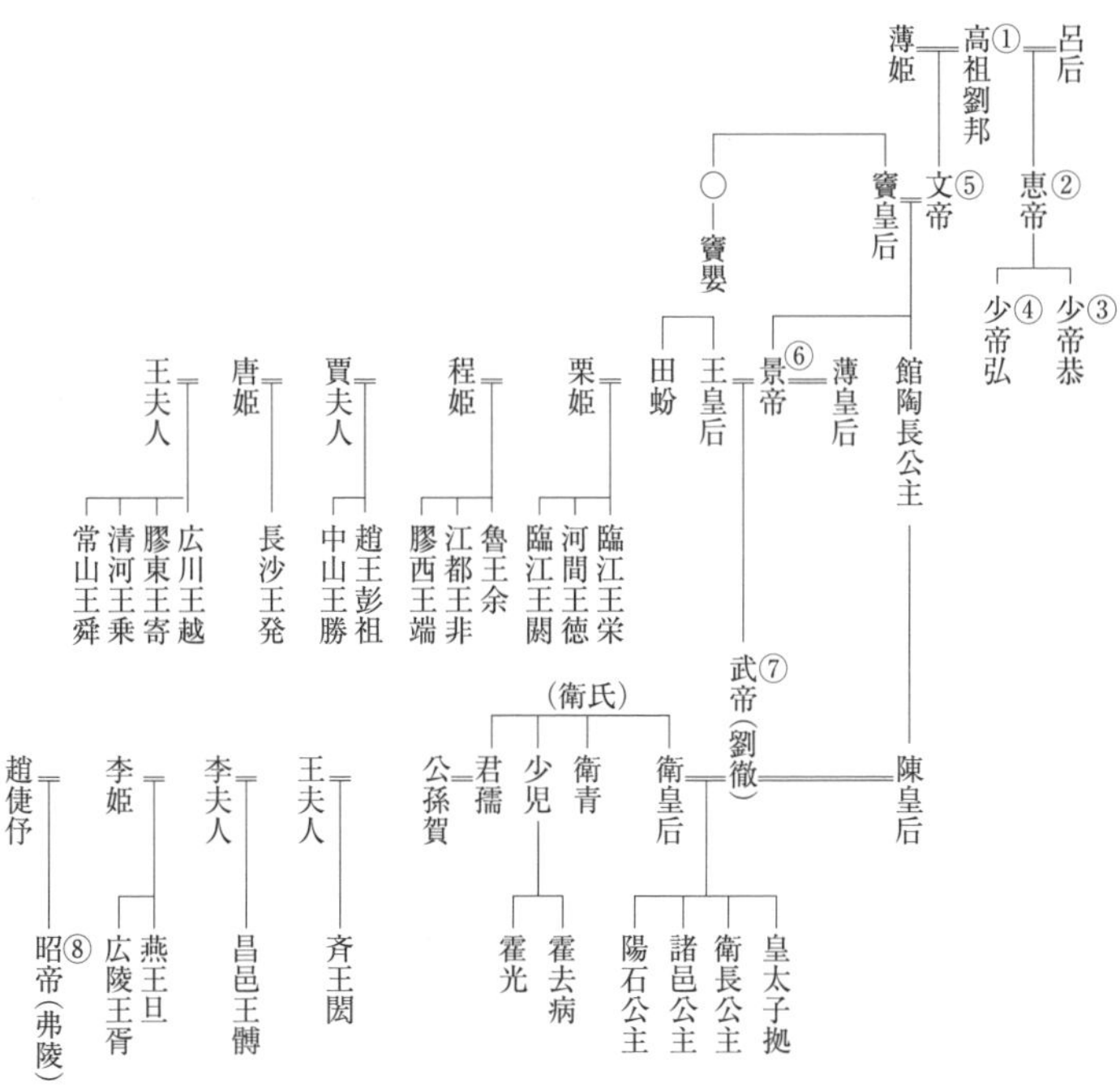

満城漢墓　一九六八年、河北省満城県陵山で発見された二基の前漢墓。武帝の異母兄、中山王劉勝(一号墓)とその妻竇綰《とうわん》(二号墓)の墓と判明した。盗掘をまぬがれ、合わせて六〇〇〇点以上の豪奢な副葬品が残されていた。なかでも「金縷玉衣《きんるぎょくい》」(下)と呼ばれる、玉板を黄金の糸で綴り合わせた葬服や「長信宮灯」という金銅製の灯籠(上)は優品である。

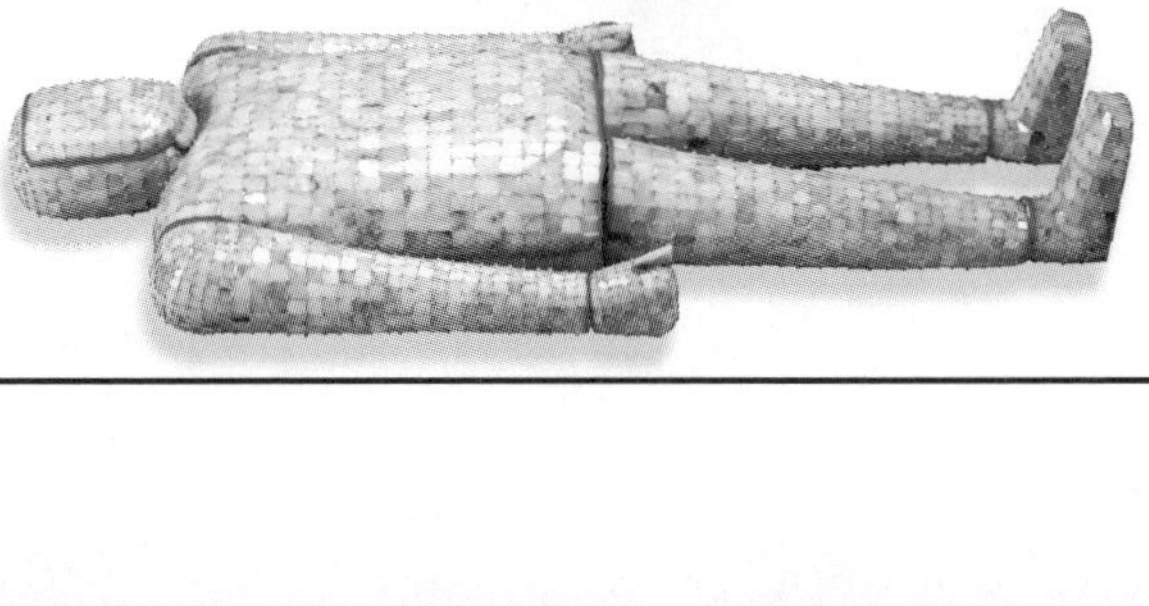

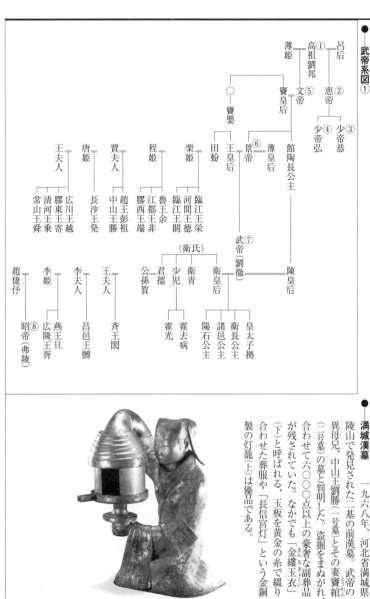

につくことになった。それから九年、前一四一年に景帝が崩じると、皇太子劉徹が第七代の漢の皇帝となったのである。

　こうした幸運ともいえるめぐり合わせで皇帝の座についた劉徹であったが、その幸運をもたらしてくれた人々が足枷《あしかせ》となって、即位後しばらくは皇帝としてその政治力を発揮することができなかったといわれている。しかし、そうした隠忍自重の日々にあり、彼は皇帝としての資質を磨きつつ、後年次々と打ち出されることとなる政策の構想にふけったともいわれている。以下に、即位後の武帝の足跡をたどってみたい。

建元二年の政変

　武帝は即位するとすぐに皇帝としての活動を開始する。即位翌年の前一四〇（建元《けんげん》元）年、中央・地方の長官に「賢良方正《けんりょうほうせい》の士」（才能学識があり、人格の優れた人材）の推挙を求める詔《みことのり》を発し、推挙された人物に対して自ら下問《かもん》（策問）し、意見（対策）を求めたのである。皇帝としてスタートを切るにあたって、新しい政治をともに担っていく人材の登用を考えたのだろう。なお、このときの被推

▼董仲舒（前一七六頃〜前一〇四頃）　前漢時代を代表する儒学者。武帝のとき、五経博士《ごきょうはかせ》をおき、儒学を官学とすべきことを建言。それ以降の儒学隆盛の基礎を築いた。著書に『春《しゅん》秋繁露《じゅうはんろ》』がある。

▼丞相　秦に始まるとされる、天子を助け国務をつかさどる中央政府最高官。「丞」も「相」もともに「助ける」の意。「相国《しょうこく》」と改称された時期もある。第二章参照。

▼太尉　『漢書』百官公卿表には、秦官で国家の軍事を担当すると記されているが、少なくとも漢初以降は常置の官ではなくなり、武帝即位後まもなく廃された。

挙者のなかには、のちに「儒者の宗」と称せられる董仲舒《とうちゅうじょ》▲や、武帝の絶大な信頼をえて「活躍」する人物として、次章で取り上げることになる公孫弘《こうそんこう》がいる。

続いて同年六月、武帝は高官人事に着手した。丞相《じょうしょう》▲に竇嬰《とうえい》、大尉▲に田蚡《でんぷん》をそれぞれあてた。竇嬰は、文帝の皇后であった竇太后《とうたいこう》の従兄の子であり、一方の田蚡は母王太后の同母弟という、ともにいわゆる外戚出身の人物であった。おそらく即位したばかりの武帝には、自らの政治運営を支える人的基盤が官界にはいまだなく、そうした弱点を外戚出身の重鎮二人をもって補おうとしたのではないだろうか。さらに武帝は、竇嬰と田蚡の推薦を受けて趙綰《ちょうわん》と王臧《おうぞう》という二人を、それぞれ御史大夫《ぎょしたいふ》▲と郎中令《ろうちゅうれい》▲という中央政府の枢要ポストに任用した。これら新皇帝によって起用された人物に共通するのは、いずれも儒学という学問に関わりがあることである。竇嬰と田蚡は「倶《とも》に儒術を好む」(『漢書』竇嬰田蚡伝、以下とくに明示しないかぎり、出典は『漢書』)と記されており、趙綰と王臧はいずれも『詩経《しきょう》』▲を学んだ儒学者であった。

こうした人事配置によってスタートした武帝の政治が、儒家的色彩の濃いも

▼御史大夫　かつては丞相(行政)、太尉(軍事)とならんで監察をつかさどるいわゆる三公の一つに数えられていたが、近年、皇帝の秘書官である御史を統率していたことが明らかにされ、また武帝のころから副丞相としての性格を強めていったとする指摘もある。漢の官制のなかでもまだ十分な解明が進んでいないものの一つである。

▼郎中令　いわゆる九卿の一つに数えられ、皇帝が生活する宮殿の警護、あるいは皇帝の公的生活に奉仕する諸官を多く属官としてかかえている。とくに高級官僚への登竜門となる郎官や皇帝のブレーントラスト(知能顧問団)ともいうべき大夫諸官は、漢の官制史上重要な官職である。

▼『詩経』　中国最古の詩集とされ、前九世紀から前七世紀にかけての詩三〇五編をおさめる。孔子が門人の教育のために編纂したという伝承があることから、儒学の経典である五経の一つとされている。

のであったことは至極当然である。四人は武帝に明堂《めいどう》建設を進言し、武帝もそれを認めた。明堂とは古《いにしえ》の周(?〜前二五六年)の時代にあったとされる宮殿の一つで、天子がそこで政《まつりごと》をおこなったとされるものである。この明堂建設計画にあたっては、趙綰・王臧の師である魯の申公《しんこう》という儒学者が招聘されていることからも、武帝の意図する政治運営に儒学的影響があったことは確実なところだろう。しかし、新皇帝による最初の政治的試みは、自らの政治的未熟さを露呈する結果となってしまった。

竇嬰、田蚡を後ろ盾に趙綰と王臧が推し進めようとした政策の一つに、「列《れっ》侯《こう》をして就国《しゅうこく》せしめる」というものがあった。列侯とは、軍功など国家への功績のあった者、あるいは外戚などへ与えられる爵位で、いわゆる二十等爵▲の最上位に位置づけられており、世襲が認められた封地をともなっていた。そうした列侯には封地に赴くことが繰り返し求められていたが、実際は「外戚の諸家は皆列侯となっており、列侯の多くは公主の配偶者で、いずれも領国に就《つ》くことを望まなかった」(田蚡伝)ため、「魏其《ぎき》侯竇嬰らに対する誹謗は日ごとに竇太后の耳に入」(同上)ることとなった。

二十等爵制表

1	公士《こうし》	11	右庶長《うしょちょう》
2	上造《じょうぞう》	12	左更《さこう》
3	簪裊《しんじょう》	13	中更《ちゅうこう》
4	不更《ふこう》	14	右更《うこう》
5	大夫《たいふ》	15	少上造《しょうじょうぞう》
6	官大夫《かんだいふ》	16	大上造《だいじょうぞう》
7	公大夫《こうだいふ》	17	駟車庶長《ししゃしょちょう》
8	公乗《こうじょう》	18	大庶長《だいしょちょう》
9	五大夫《ごだいふ》	19	関内侯《かんだいこう》
10	左庶長《さしょちょう》	20	列侯《れっこう》(徹侯・通侯)

▼二十等爵 爵とは天子を最高位におく国家的身分秩序をあらわすもので、周の時代には五等爵があったとされる。戦国時代にはいると、授爵の対象が一般民にも広がり、第一級公士から第八級公乗までの民爵と、第九級五大夫から第二十級列侯までの官爵からなる、二十等爵が成立した。

列侯からの不満の声が集まった武帝の祖母竇太后は、そもそも新皇帝が着手した政治改革に批判的だった。彼女は、漢初の宮中に大きな影響力をもっていた黄老《こうろう》思想▲の信奉者であり、儒学者である趙綰や王臧らの動きを苦々しく思っていた。そうした竇太后のもとに、竇嬰らによって進められる改革政治に不満・反感をもつ人々が集まり、一種の抵抗勢力となったのである。やがて両者の対立の火に油が注がれる事態が出来することになった。それは、趙綰による武帝への新たな進言がきっかけであった。

> (建元)二年、御史大夫趙綰が、今後政務は東宮に奏聞《そうぶん》することなく、親裁なさいますように、と主上に進言した。竇太后はおおいに怒って「これはまた新垣平《しんえんぺい》▲の二の舞になりたいのか」といい、そこで趙綰と王臧を追放し、丞相嬰と太尉蚡を免職した。(田蚡伝)

具体的なありさまは不明だが、武帝が即位したさいには、彼が一六歳だったこともあってか、臣下から皇帝への上奏は、竇太后のもとへも届けられていた。趙綰はそれを今後やめて武帝による親裁にしたいと願い出たのである。このことがきっかけとなり、竇太后は怒りを爆発させ、武帝の頭越しに人事権を発動

▼黄老思想　戦国時代から漢初にかけて流行した諸子百家の一つ、道家の思想であり、黄帝《こうてい》を始祖とし老《ろう》子《し》を大成者としたので黄老の学、あるいは黄老思想と呼ばれる。無為自然を説き、政治や経済においても極力人為的な関与を排除しようとする学派である。秦の苛酷な統治への反動として、その無為自然の主張が漢初の朝廷にも広がった。

▼新垣平　望気と呼ばれる空の雲気を見て予言をおこなう術や、不老長寿の術をもって文帝に取り入った方士。のちにその詐術が露見し、本人のみならず一族ことごとく誅された。

し、趙綰と王臧は投獄され（二人とも獄中にて自殺）、竇嬰と田蚡はそれぞれ丞相と太尉の官を罷免されたのである。こうして武帝による最初の政治的な動きは挫折することになった。この事件を「建元二年の政変」と呼ぶことにする。

この政変の背景については、このときまだ政治の実権が若き皇帝の手中にはなく、竇太后に代表される、皇帝の独裁を阻止し、その統治を左右しようとする勢力の力が強く働いていたことが指摘されてきた。しかし筆者は、武帝自らにも竇太后の政治介入を許してしまう一因があったと考えている。巻八八儒林伝に、武帝と趙綰・王臧の推薦によって招聘された儒者・申公との対面のさいのやりとりが見えている。

（申公は）到着して主上に謁見した。主上は治乱のことを問うた。申公はそのときすでに八十余の老人だったが、対《こた》えていった。政治の要諦は多言することにあるのではなく、顧《おも》うに実行の如何にあるのみです、と。当時あたかも主上は文辞《ぶんじ》を好んでおり、申公の返答を聞き黙然とした。

申公が、政治改革にいどもうとする武帝の姿勢に不安を覚えたことがみてとれる。言説ではなく実行を求める申公の言葉に、武帝はまさに痛いところを突

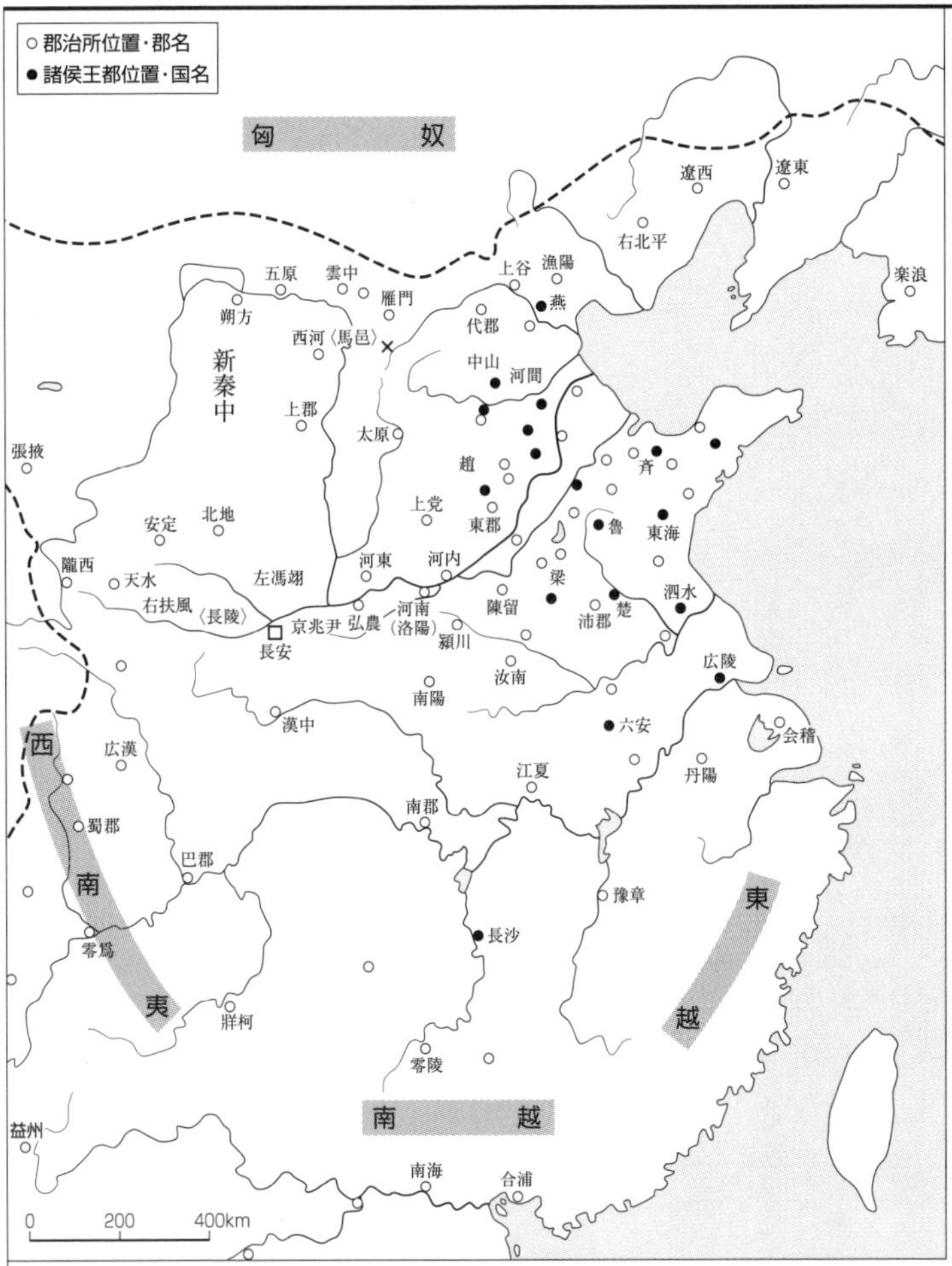

武帝時代の中国

〔出典〕江村治樹『戦国秦漢時代の都市と国家』白帝社，2005 年，p.258 をもとに作成

かれたのだろう、黙然とするしかなかったのである。要するに、降って湧いたような皇帝即位であったこともあり、武帝は心構えにおいても、その政治手腕という点においても、いかんせん老獪な年寄りどもと対峙するにはまだまだ未熟でひ弱だった。そしてなによりも、この建元二年における武帝の政治改革が周到に準備されたものではなく、それだけに竇太后の怒りの前にあっけなく潰れてしまったのである。武帝劉徹、一八歳の挫折であった。

瓠子の河決

前一三二（元光《げんこう》三）年五月、東郡濮陽《ぼくよう》（現河南省濮陽市）の瓠子《こし》という場所で、黄河が決壊し大洪水になった。「いまの天子の元光中、河（黄河）、瓠子に決し、東南して鉅野《きょや》に注ぎ、淮《わい》・泗《し》（淮水と泗水）に通ず。是《ここ》において天子、汲黯《きゅうあん》・鄭当時《ていとうじ》を使わし、人徒を興して之れを塞《ふさ》がしむるも、輒《すなわ》ち復た壊る」（『史記』河渠書《かきょ》）。被災は一六の郡におよび、武帝がほどこした応急の対策も功を奏さないありさまとなった。結局、この瓠子の「河決《かけつ》」と呼ばれる黄河の決壊は、その後二三年間も放置されることになり、そのため黄河の下流域一帯は連年の

●漢代の黄河と瓠子

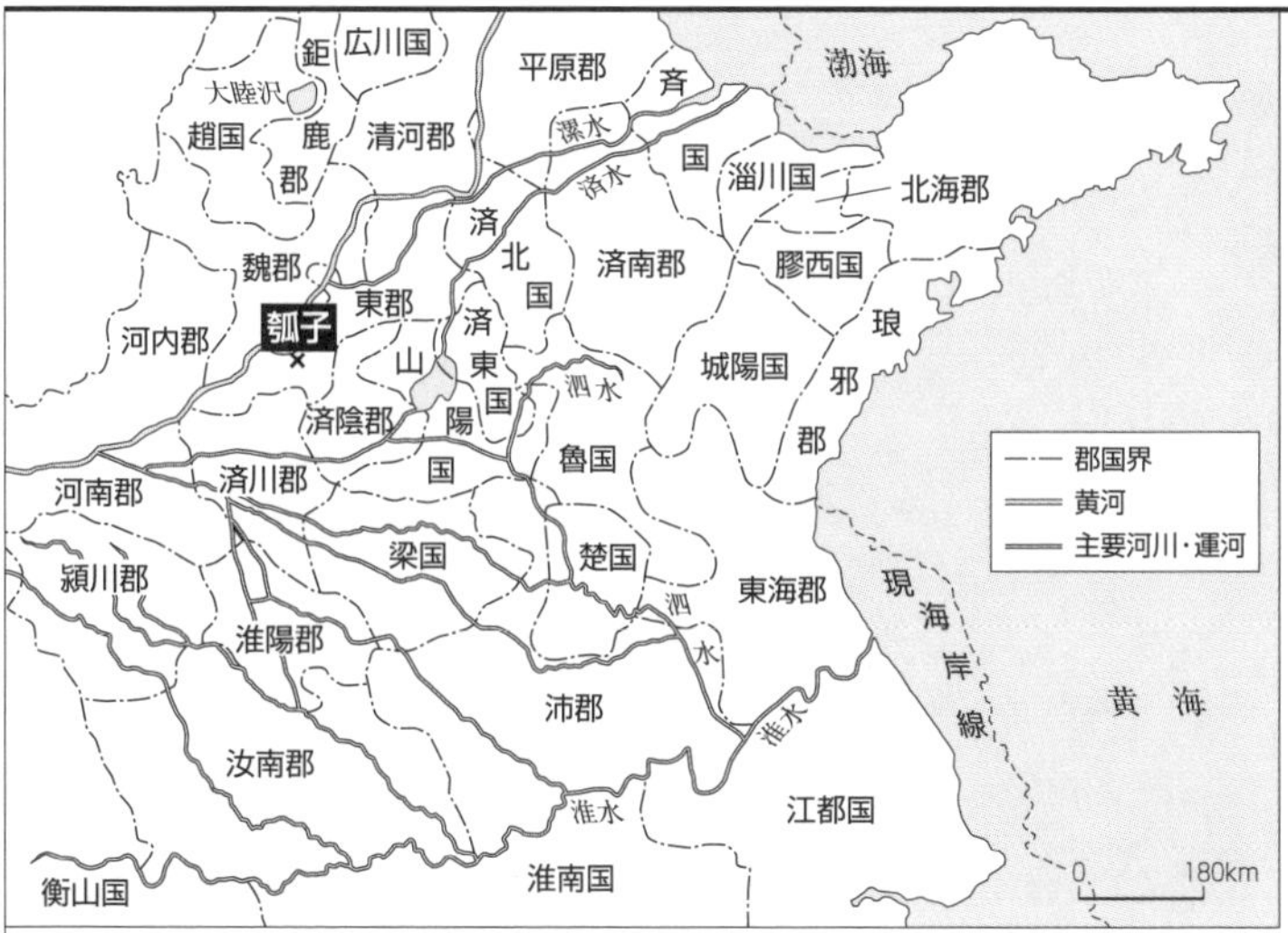

〔出典〕濱川栄『中国古代の社会と黄河』早稲田大学出版部，2009 年，p.106 をもとに作成

●黄河

水災に苦しむことになった。

かくも長く瓠子の「河決」が放置されてしまった理由の一つとして、丞相田蚡の進言があったといわれている。「建元二年の政変」でいったん失脚した田蚡だが、前一三五(建元六)年に竇太后が死去すると、丞相として復活をはたした。彼は武安侯《ぶあんこう》に封ぜられ、瓠子の決壊箇所から少し下流の黄河北岸に奉邑(領地)を有していた。そのため瓠子で決壊して黄河が南流しているかぎり、自らの奉邑に水災がおよぶ危険性が低いことから、「江水〔長江〕や河水の決壊は天事であるから、これを人力で無理矢理に塞ぐことは天に逆らうことになる」(河渠書)と主張した。このこともあって、武帝は瓠子の「河決」の復旧を断念したというのである。

しかし、近年、瓠子の「河決」に対する武帝の対応をめぐって、その認識や姿勢に問題があったのではないかということが指摘されている。つまり、田蚡が武帝の母方の叔父であり、一目おかざるをえない存在であったことは史書にあるとおりであるが、だからといって武帝もつねに彼に盲従していたわけではないし、また田蚡は「河決」の翌年(前一三二年)には死去しており、その後二

▼鄭当時（生没年不詳）　司馬遷によって汲黯という人物とともに、公孫弘や張湯といった武帝の治世のもと華々しく活躍した官僚たちとは対比的に描かれる官僚。黄老の学を学び、仁義を重んじる遊侠《ゆうきょう》の徒として天下の名声をえた。幅広い人脈をもち、多くの有為の人材を朝廷に送り込んだ。国家財政の立てなおしに力を発揮した商人出身の東郭咸陽や孔僅を発掘したのも彼であった。

十数年にわたった放置の理由とはいいがたい。武帝がかくも長く「河決」を放置し続けた背景には、じつは武帝の認識不足とそれがまねいた甚大な被害からの責任回避という姿勢があったのではないか、というのである。

「河決」の直後に復旧工事の責任者の一人として現地に赴くことを命じられた鄭当時▲が、五日の準備期間を請うたのに対し、武帝は彼が任侠の徒として全国に仲間がいることを念頭に、「千里の旅を行くにも食料を携帯しないとわしは聞いているが、いま旅の支度に猶予を願うのはどうしてか」(鄭当時伝)と揶揄している。このことから武帝は「河決」対策に特別な準備は必要ないと考えていたことがわかる。また前一〇九(元封《げんぽう》二)年に、武帝の陣頭指揮で二三年ぶりに「河決」が修復されたさい、武帝がその前年に挙行した封禅《ほうぜん》にさいして初めて「河決」の事実を知ったと虚言を弄してみたり、その責任を一方的に官吏に帰そうとするなど、露骨な責任回避をはかろうとしたことが理由として指摘されている。こうしたことから、武帝の支配者としての資質に疑問を呈する見解が出されてもいる。

皇帝としての資質やいかん、といった問題はさておくとしても、若き皇帝、武帝の政治家としての手腕がまだまだ未熟であったこと、それよりなにより皇帝としての自覚という点でもいまだ十分でなかったことは明白だろう。武帝初めての政治改革の試みが、「建元二年の政変」という惨めな結果を招来したり、瓠子の「河決」という重大事態の出来にさいしても、状況認識の甘さから初期対応に失敗し、さらに自己の責任回避の言動をとったことは、そのあらわれである。しかし、その責は劉徹という個人の問題に全面的に帰せられる質の問題ではないことを、ここでは確認しておきたい。武帝即位間もない時期に起こったこれらの問題は、始皇帝に始まった皇帝支配のあり方の限界の露呈ともいうべきものであった。

「始皇帝」的皇帝支配の限界

即位した武帝が背負うことになった「負の遺産」について先述したが、これは直接的には父景帝の代における、呉楚七国の乱とその後の王国改革によって引き起こされた、皇帝(中央政府)の直轄支配領域の拡大にともなう種々の問題である。いま一度具体的な数字を織り込みながら説明しておこう。

景帝が即位したころの漢の直轄支配地域は、総県数一三〇〇あまりのうちの約五〇〇ほどだった。それが呉楚七国の乱後に取り潰された反乱国の県が直轄地に組み込まれることで、八〇〇県ほどにふえ、さらに前一五一（景帝六）年に一〇〇〇県ほどになった。そして「景帝中五年王国改革」によって王国の行政権が中央に回収されたことで、一三〇〇をこえるすべての県が皇帝による直接統治を受けることになったわけである。数字だけからみても爆発的増大といえるだろう。こうした直轄支配領域の面的拡大は、中央から派遣され地方統治にあたる長吏の増加を必然的に随伴し、さらに中央政府そして皇帝が処理すべき行政事務量は天文学的数字にまで増加したと推測される。

始皇帝が前二二一年に全国を平定し、初代皇帝に即位したさいにも、戦国の旧六国▲の領域をあわせることで、広大な領域が秦の支配下に組み込まれている。近年の出土史料の増加による研究の深化によって、秦の郡県制支配の実態も徐々に明らかにされてきている。しかし、軍事力をもってしての征服によって、しかもわずか一〇年あまりの時間でどこまで皇帝（中央政府）の支配の網がおよびえたかは、なかなか判断の難しいところである。それよりなにより統一秦の

▼戦国の旧六国　いわゆる「戦国七雄」と呼ばれる斉・楚・秦・燕・韓・魏・趙のうち、秦に滅ぼされた他の六国のこと。これら六国は黄河および長江の中・下流域に位置していたが、滅亡後も各国の遺風が残り、秦や漢の支配が十分には浸透しなかったといわれている。とくに漢は、旧六国の地には王国をおいてその自立性をある程度認める政治体制、つまり郡国制をとったとされている。

●―文帝から景帝の領域変遷表

漢初郡名	地理志記載名	地理志記載県数	文帝後7年	景帝元年	景帝3年	景帝6年	景帝中元年	景帝中5年	景帝中6年
内史	京兆尹	12	漢	漢	漢	漢	漢	漢	漢
	左馮翊	24							
	右扶風	21							
	弘農郡	11							
河東郡	河東郡	24							
河南郡	河南郡	22							
河内郡	河内郡	18							
漢中郡	漢中郡	12							
蜀郡	蜀郡	15							
広漢郡	広漢郡	13							
巴郡	巴郡	11							
隴西郡	隴西郡	11							
	安定郡	21							
	天水郡	16							
	金城郡	13							
魏郡	魏郡	18							
潁川郡	潁川郡	20							
東郡	東郡	22							
南陽郡	南陽郡	36							
武陵郡	武陵郡	13							
上郡	上郡	23							
雲中郡	雲中郡	11							
北地郡	北地郡	19							
済北郡	泰山郡	24	済北	済北		済北	済北	済北	済北
平原郡	平原郡	19				漢	漢	漢	漢
斉郡	斉郡	12	斉	斉	斉	斉	斉	斉	斉
千乗郡	千乗郡	15			漢	漢	漢	漢	漢
琅邪郡	琅邪郡	51							
東莱郡	東莱郡	17	膠東	膠東					
膠東郡	膠東国	8			膠東	膠東		膠東	膠東
膠西郡	高密国	5	膠西	膠西	膠西	膠西	膠西	膠西	膠西
城陽郡	城陽国	4	城陽	城陽	城陽	城陽	城陽	城陽	城陽
済南郡	済南郡	14	済南	済南	漢	漢	漢	漢	漢
菑川郡	菑川国	3	菑川	菑川	菑川	菑川	菑川	菑川	菑川
北海郡	北海郡	26			漢	漢	漢	漢	漢
彭城郡	楚国	7	楚	楚	楚	楚	楚	楚	楚
東海郡	東海郡	38			漢	漢	漢	漢	漢
	泗水国	3							
薛郡	魯国	6			魯	魯	魯	魯	魯

<table>
<tr><th>漢初郡名</th><th>地理志記載名</th><th>地理志記載県数</th><th>文帝後7年</th><th>景帝元年</th><th>景帝3年</th><th>景帝6年</th><th>景帝中元年</th><th>景帝中5年</th><th>景帝中6年</th></tr>
<tr><td rowspan="5">碭郡</td><td>梁国</td><td>8</td><td rowspan="6">梁</td><td rowspan="6">梁</td><td rowspan="6">梁</td><td rowspan="6">梁</td><td rowspan="6">梁</td><td rowspan="6">梁</td><td>梁</td></tr>
<tr><td>陳留郡</td><td>17</td><td>済川</td></tr>
<tr><td>山陽郡</td><td>23</td><td>山陽</td></tr>
<tr><td>東平国</td><td>7</td><td>済東</td></tr>
<tr><td>済陰郡</td><td>9</td><td>済陰</td></tr>
<tr><td>沛郡</td><td>沛郡</td><td>37</td><td rowspan="4">漢</td></tr>
<tr><td>汝南郡</td><td>汝南郡</td><td>37</td><td rowspan="2">漢</td><td rowspan="2">漢</td><td>汝南</td><td rowspan="3">漢</td><td rowspan="3">漢</td><td rowspan="3">漢</td></tr>
<tr><td>淮陽郡</td><td>淮陽国</td><td>9</td><td>漢</td></tr>
<tr><td>漁陽郡</td><td>漁陽郡</td><td>12</td><td rowspan="7">燕</td><td rowspan="7">燕</td><td rowspan="7">燕</td></tr>
<tr><td>燕郡</td><td>広陽国</td><td>4</td><td>燕</td><td>燕</td><td>燕</td><td>燕</td></tr>
<tr><td>上谷郡</td><td>上谷郡</td><td>15</td><td rowspan="5">漢</td><td rowspan="5">漢</td><td rowspan="5">漢</td><td rowspan="8">漢</td></tr>
<tr><td>涿郡</td><td>涿郡</td><td>29</td></tr>
<tr><td>右北平郡</td><td>右北平郡</td><td>16</td></tr>
<tr><td>遼西郡</td><td>遼西郡</td><td>14</td></tr>
<tr><td>遼東郡</td><td>遼東郡</td><td>18</td></tr>
<tr><td>代郡</td><td>代郡</td><td>18</td><td rowspan="4">代</td><td rowspan="4">代</td><td rowspan="4">代</td><td rowspan="4">代</td><td rowspan="4">代</td><td rowspan="4">代</td></tr>
<tr><td>定襄郡</td><td>定襄郡</td><td>12</td></tr>
<tr><td>鴈門郡</td><td>鴈門郡</td><td>14</td></tr>
<tr><td>太原郡</td><td>太原郡</td><td>21</td><td>代</td></tr>
<tr><td>邯鄲郡</td><td>趙国</td><td>4</td><td rowspan="11">趙</td><td rowspan="11">趙</td><td rowspan="6">漢</td><td>趙</td><td>趙</td><td>趙</td><td>趙</td></tr>
<tr><td rowspan="2">鉅鹿郡</td><td>鉅鹿郡</td><td>20</td><td rowspan="5">漢</td><td rowspan="5">漢</td><td rowspan="2">漢</td><td rowspan="2">漢</td></tr>
<tr><td>広平国</td><td>16</td></tr>
<tr><td>清河郡</td><td>清河郡</td><td>14</td><td>清河</td><td>清河</td></tr>
<tr><td rowspan="2">常山郡</td><td>常山郡</td><td>18</td><td rowspan="2">常山</td><td>常山</td></tr>
<tr><td>真定国</td><td>4</td><td>漢</td></tr>
<tr><td>中山郡</td><td>中山国</td><td>14</td><td>中山</td><td>中山</td><td>中山</td><td>中山</td><td>中山</td></tr>
<tr><td>渤海郡</td><td>渤海郡</td><td>26</td><td rowspan="2">漢</td><td rowspan="2">漢</td><td rowspan="2">漢</td><td rowspan="2">漢</td><td rowspan="2">漢</td></tr>
<tr><td>上党郡</td><td>上党郡</td><td>14</td></tr>
<tr><td>河間郡</td><td>河間国</td><td>4</td><td>河間</td><td>河間</td><td>河間</td><td>河間</td><td>河間</td></tr>
<tr><td>広川郡</td><td>信都国</td><td>17</td><td>広川</td><td>漢</td><td>漢</td><td>広川</td><td>広川</td></tr>
<tr><td>九江郡</td><td>九江郡</td><td>15</td><td>淮南</td><td>淮南</td><td>淮南</td><td>淮南</td><td>淮南</td><td>淮南</td><td>淮南</td></tr>
<tr><td>江夏郡</td><td>江夏郡</td><td>14</td><td rowspan="2">衡山</td><td rowspan="2">衡山</td><td rowspan="2">衡山</td><td rowspan="2">衡山</td><td rowspan="2">衡山</td><td rowspan="2">衡山</td><td rowspan="2">衡山</td></tr>
<tr><td>衡山郡</td><td>六安国</td><td>5</td></tr>
<tr><td>廬江郡</td><td>廬江郡</td><td>12</td><td rowspan="2">廬江</td><td rowspan="2">廬江</td><td rowspan="2">廬江</td><td rowspan="2">漢</td><td rowspan="2">漢</td><td rowspan="2">漢</td><td rowspan="2">漢</td></tr>
<tr><td>豫章郡</td><td>豫章郡</td><td>18</td></tr>
<tr><td>長沙郡</td><td>長沙国</td><td>13</td><td rowspan="3">長沙</td><td rowspan="3">漢</td><td>長沙</td><td>長沙</td><td>長沙</td><td>長沙</td><td>長沙</td></tr>
<tr><td rowspan="2">桂陽郡</td><td>桂陽郡</td><td>11</td><td rowspan="3">漢</td><td rowspan="3">漢</td><td rowspan="3">漢</td><td rowspan="3">漢</td><td rowspan="3">漢</td></tr>
<tr><td>零陵郡</td><td>10</td></tr>
<tr><td>呉郡</td><td>会稽郡</td><td>26</td><td rowspan="4">呉</td><td rowspan="4">呉</td></tr>
<tr><td>鄣郡</td><td>丹陽郡</td><td>17</td><td rowspan="3">江都</td><td rowspan="3">江都</td><td rowspan="3">江都</td><td rowspan="3">江都</td><td rowspan="3">江都</td></tr>
<tr><td rowspan="2">東陽郡</td><td>臨淮郡</td><td>29</td></tr>
<tr><td>広陵国</td><td>4</td></tr>
<tr><td>南郡</td><td>南郡</td><td>18</td><td>漢</td><td>漢</td><td>臨江</td><td>漢</td><td>漢</td><td>漢</td><td>漢</td></tr>
<tr><td></td><td></td><td>漢直轄県数</td><td>470</td><td>504</td><td>785</td><td>963</td><td>971</td><td>932</td><td>1321</td></tr>
</table>

〔出典〕杉村伸二「景帝中5年王国改革と国制再編」(『古代文化』56-10，2004年)，p.33を元に作成

●文帝後七(前一五七)年の郡国配置図

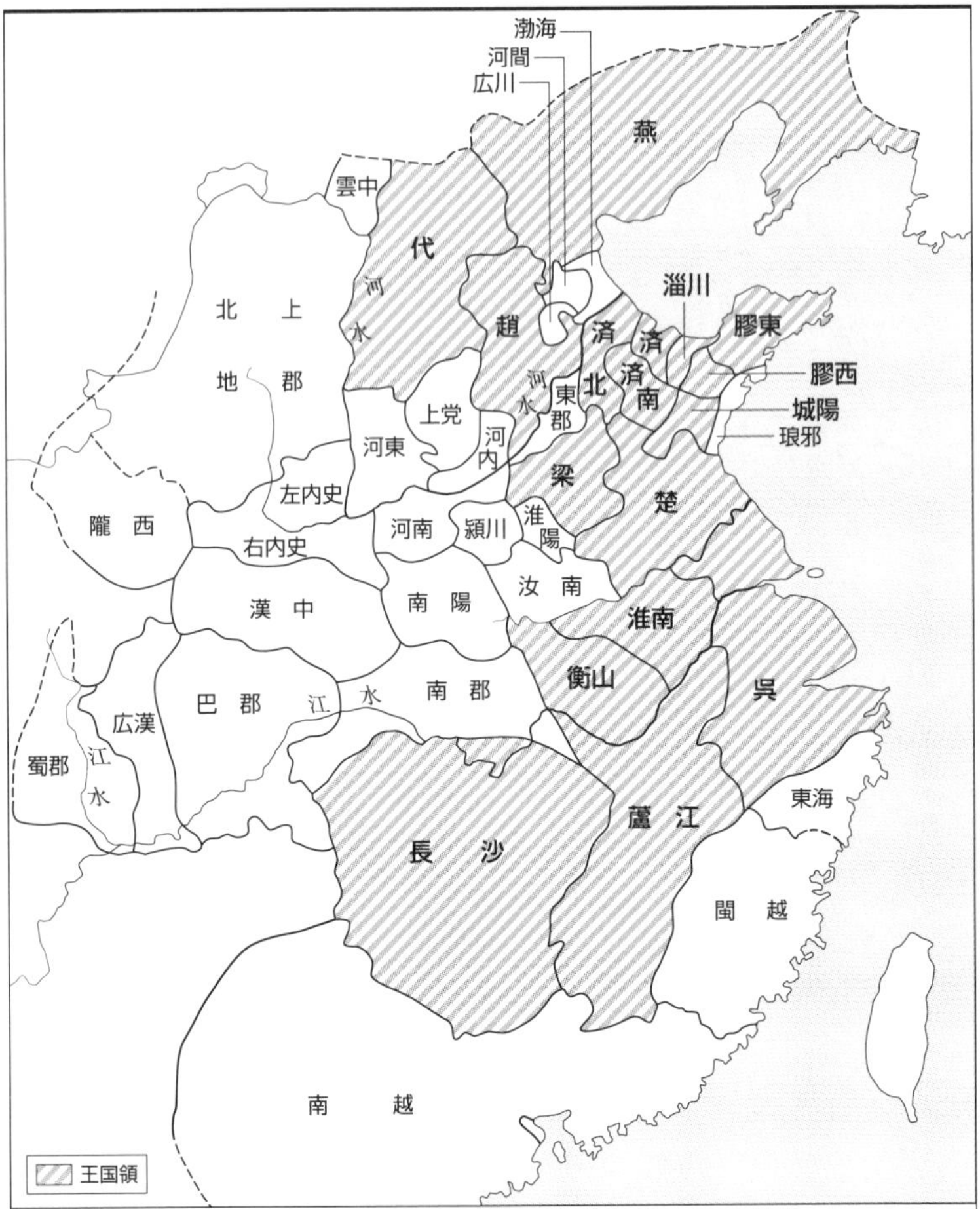

〔出典〕周振鶴『西漢政区地理』(人民出版社，1987年)，p.13

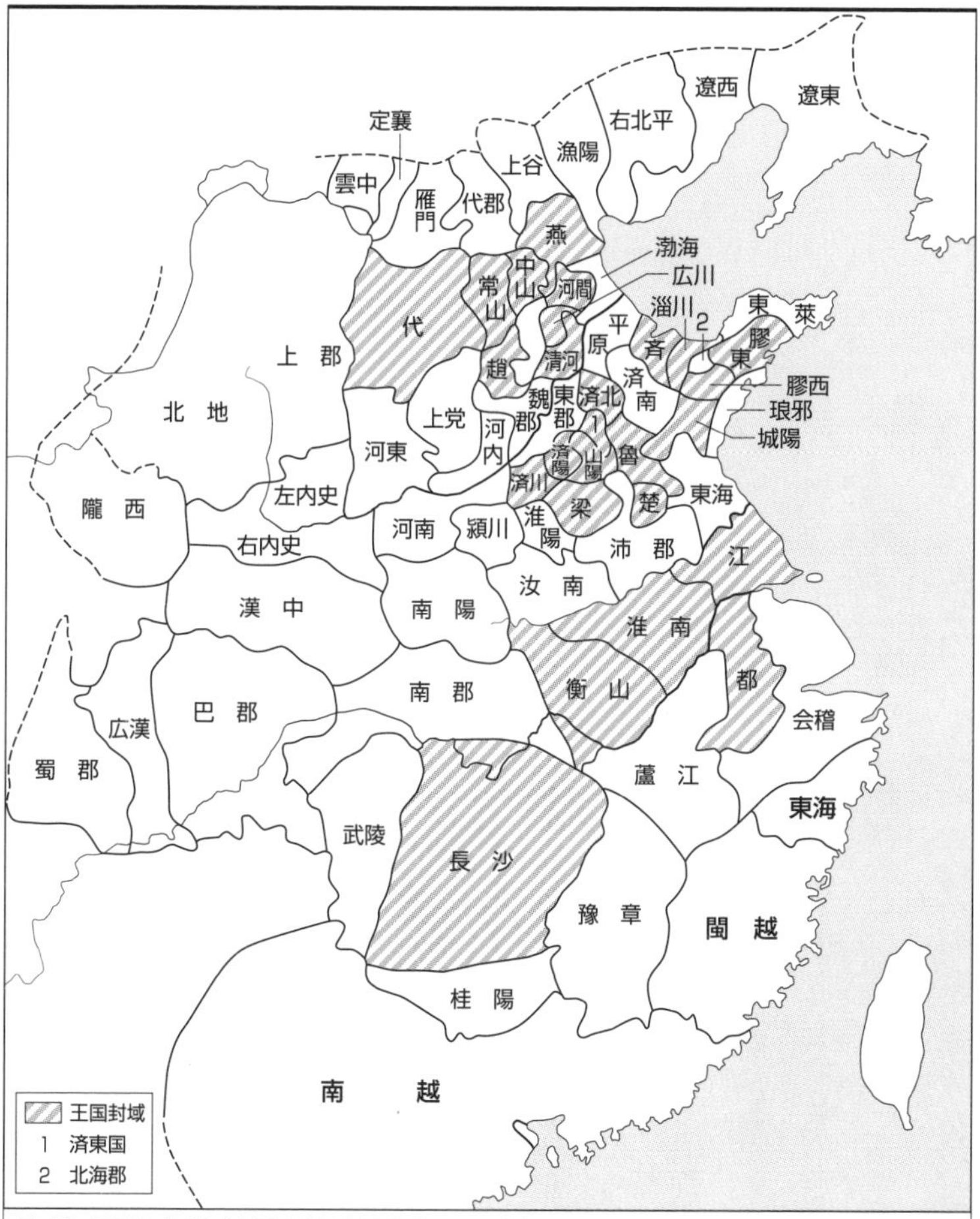

〔出典〕周振鶴『西漢政区地理』(人民出版社，1987年)，p.15

●**景帝中六**（前一四四）**年の郡国配置図**　二つの地図を比べると、「景帝中五年王国改革」以前の諸侯王国の領域がそれぞれ広大であるのに対し、以後になると王国領が細分化され、王国数が増加するとともに各王国領の規模が縮小していることが判明する。

国政運営は、始皇帝嬴政《えいせい》というスーパーマン的皇帝にして初めて可能だったといえる。始皇帝は自ら一石《せき》（約三〇キロ）の重さの上奏の書類を決裁することを日課にして、それが達成されないうちは休息しなかったという逸話が残されているように、人並みはずれたタフさでもって政務を処理していたとされている。こうしたタフさをすべての皇帝に求めることは不可能だろう。始皇帝という一人の類いまれなる支配者にして、初めて秦という統一国家の運営は可能だったといえるのではないだろうか。

さきに漢初の郡国制は、広大な帝国をより有効に統治する方法として採用されたのだという、近年の研究理解を紹介した。さらにそれに私見を重ねると、漢初の郡国制は、始皇帝のようなスーパーマン的皇帝をもってしなくても統治可能な方策として採用されたという一面もあるのではないだろうか。

いずれにせよ、武帝劉徹が即位したときの漢という国家は、もはや一人の非凡なる皇帝をもってしても、その統治能力の限界をこえた次元にあったといっても過言ではないかもしれない。そして実際、武帝はそうした限界に即位早々にぶつかってしまったのだろう。永田英正は「武帝が皇帝としての知識と教養を身につけ、また皇帝としての自覚に目覚めたのは即位してから元光年間の親政時代にいたるまでの一〇年間余りであった」と述べている。

それでは、その一〇年間に武帝が学んだ皇帝としての資質とは具体的にどのようなものであったろうか。章をあらためて考えていこう。

②―公孫弘の丞相就任と官界再編

あいつぐ丞相の死

漢の官制をみてみると、『漢書』百官公卿表《ひゃっかんこうけいひょう》(以下、百官表)に、例えば「相《しょう》国《こく》・丞相《じょうしょう》は、皆《み》な秦官なり」、「郎中令《ろうちゅうれい》は、秦官なり」などと記されるように、多くの官職・官府が秦に淵源するとされている。一方、漢代にはいって新設された官職・官府についても百官表に記載があるが、その多くは武帝期のものである。こうした秦に淵源するものと、漢代にはいって新設されたものが一種ない交ぜになって、百官表には漢の官制が整然と描かれている。しかし、さきにみた瓠子《こし》の「河決《かけつ》」に対する初期対応がお粗末だった点について、当時まだ国家的な治水組織というものが未整備だったという指摘もある。また国家財政や地方行政などのシステムも、武帝期にはまだまだ十分に整備されていなかったことも明らかにされてきており、武帝期にあっては国家統治の機構がまだまだ未完成な状態にあったとみるべきだろう。

問題を中央政府にしぼってみると、漢の中央官制については、伝統的に「三《さん》公九卿《こうきゅうけい》」という言葉で説明されてきた。組織の頂点にあって行政・監察・軍事をそれぞれ分掌し、かつともに宰相として皇帝を支える三公と、その三公のもとに分属し国政全般に関わる行政事項を分掌する、所管大臣ともいうべき九卿とによって構成されていたというものである。しかし、三公にあたる三つの官職はなにかとなると諸説ある。前漢時代初めに関しては、丞相・御史大夫《ぎょしたいふ》・太尉をそれにあてるのが通説であるが、御史大夫については監察を職任としたというのは誤りで、皇帝の秘書官長、官房長官という役割であったともされている。また太尉に関しては本来的に常置の官ではなく、さきにもみた武帝の治世初めの田蚡《でんぷん》の就任を最後に、その後、前漢末までおかれることがなかった。九卿に関しても、具体的にどの官を数えるのか議論が分かれており、九卿ではなく一二卿だとする説もある。こうしたことから、「三公九卿」という言葉は、前漢時代に関していうと理念的・慣用的な呼称にすぎなかったようである。つまり、中央政府の組織についても、前漢時代にはまだ完成されておらず、過渡的なものだったと思われる。

ところで、三公に数えられる官職のなかにあって、「天子を丞《たす》け、万機を助け理《おさ》むるを掌《つかさど》る」(百官表)とされる丞相だが、武帝在位中の丞相に関して、巻五八公孫弘《こうそんこう》伝、および巻六九公孫賀《こうそんが》伝に次のような記事がある。

(公孫弘は)都合、丞相・御史大夫の地位にあること六年。八〇歳で丞相に在職のまま世を去った。その後、李蔡《りさい》・厳青翟《げんせいてき》・趙周《ちょうしゅう》・石慶《せきけい》・公孫賀・劉屈氂《りゅうくつり》があいついで丞相となった。(中略)ただ慶だけが惇厚《とんこう》謹直をもって、やはりまた丞相の職にあるまま死去し、その他の者はことごとく罪に伏して誅殺されたという。(公孫弘伝)

八年後、(公孫賀は)ついに石慶にかわって丞相となり、葛繹《かつえき》侯に封ぜられた。当時、朝廷は多事(「朝廷多事」)で、大臣たちを督責《とくせき》〔職務遂行を厳しく監督指導すること〕した。公孫弘以後、丞相たる李蔡・厳青翟・趙周の三人が次々と事に坐して死んだ。石慶は謹厳ゆえに終わりを全うしたが、それでもしばしば譴責《けんせき》〔職務遂行上の過失責任を厳しく追及すること〕された。(公孫賀伝)

武帝を輔佐する丞相をめぐって、歴代就任者の多くが罪をえて死去し、あるいは在任中にたびたび武帝から譴責を受けたというのである。たとえ宰相たる

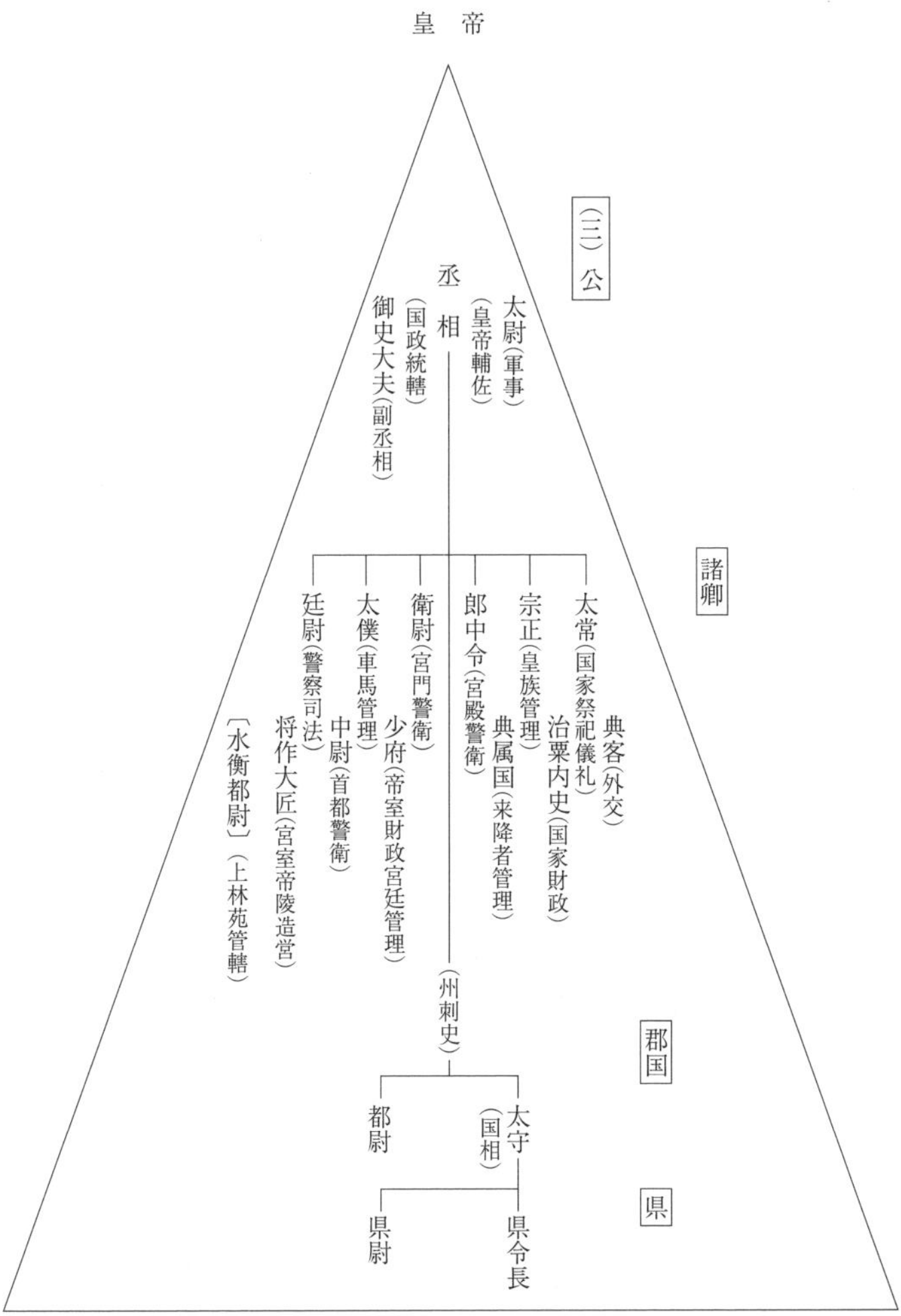

●前漢の官制　前漢時代の官制については、『漢書』百官公卿表(百官表)が基本史料となる。その百官表は上下巻からなる。上巻では、総数「十二万二百八十五人」の官吏で構成される中央政府・地方郡県の官署・官職について、その名称・起源・職掌・定員・沿革・属官が概述される。下巻では、中央政府といまの首都圏にあたる「三輔《さんぽ》」(京兆尹《けいちょういん》・左馮翊《さひょうよく》・右《ゆう》扶風《ふふう》)の長官の人事異動に関する記録が、高祖元年(前二〇六)から平帝元始五年(後五)までの二一一年間にわたって年表形式でまとめられている。

地位にある人物であっても罪を問われて死を賜るということは、それ自体は特異なことではない。しかし、これらの記事からは、武帝の治世下にあって、丞相のあり方をめぐってきわだった動きが生じていたことが読み取れるのではないだろうか。

伝統的中国官制史理解

武帝期の丞相をめぐるこうした動きに、いち早く着目したのが西嶋定生《にしじまさだお》▲である。西嶋は、丞相という要職にある官僚が、軽々しく罪をえて死を賜るという事態が頻発した背景には、一人の皇帝が半世紀近くも在位したことにより、皇帝支配の権威の所在が体制から個人に移行するという現象が起きた。その結果、本来皇帝を輔佐して国政運営を統轄していた丞相の政治的地位が低下し、かわって皇帝の周囲に新たな権力機関が形成されるという動きが生じてきたと考えた。また、その新たな権力機関とは武帝を中心に侍中《じちゅう》・尚書《しょうしょ》といった近臣によって構成される内朝《ないちょう》であり、この内朝が事実上国家の枢機を掌握するにいたった。その結果、丞相に統轄される既存の官僚組織は、外朝《がいちょう》として国家の枢機か

▼**西嶋定生**（一九一九〜九八）　東洋史学者。戦後日本の東洋史学研究を主導した。東京大学教授などを歴任。主著に『中国古代帝国の形成と構造――二十等爵制の研究』『中国古代国家と東アジア世界』など多数。

らはずれ、国政の執行機関へとその地位を低下させていくという構図を示した。これがいわゆる内朝・外朝論というものである。

筆者は、この西嶋の内朝・外朝論には、中国官制史に関する伝統的理解が大きく影響を与えていると考えている。今にいたるまで日本における中国官制史に関する唯一の概説書というべき『中国官制発達史』(原題『支那官制発達史上』)の序説を執筆した和田清▲は、旧中国の制度発達の過程にみられる特色の第一として、「官制の波紋的循環発生」をあげている。

> 天子の側近の私的の微臣《びしん》が次第に権力を得て、表面の大官を圧し、やがて之に取って代ると、又その裏面に私的な実権者を生じ、それが発達して表面の大官となり、絶えず之を繰り返すことである。

そのうえで和田は、官制の波紋的循環発生の最初の事例として、漢の武帝のときの尚書あるいは中書の権力機関への成長と、それによる丞相の権力の侵害をあげている。こうした理解が、西嶋の内朝・外朝論の下敷きになっていると考えられる。

しかし、この波紋的循環発生といった捉え方では、中国官制の展開が単なる

▼**和田清**(一八九〇〜一九六三)　東洋史学者。東京帝国大学教授。主著に『東亜史研究』『中国史概説』などがある。

量的拡大の歴史として理解されることになってしまいかねず、中国官制の展開がその時代時代においてもっている歴史的意味が十分に理解できなくなるのではないだろうか。一人の皇帝の治世が長期化することで、皇帝支配の権威の所在が皇帝個人に移行し、結果、政府高官の政治的地位が低下するという説明では、時代時期が異なっても同様な現象が生じれば、すべてこの理解が適用できることになる。しかしそれでは、古代国家形成の途上にある漢という時代の、そのなかでも大きく時代が動こうとしている武帝期の歴史的意味は読み取れなくなる。丞相をはじめとする政府高官があいついで死を賜るという、武帝の治世下でのできごとは、なによりも「負の遺産」を背負い、かつかならずしも順調とはいえないスタートを切らざるをえなかったという状況のなかで、その意味を考えてみることが必要ではないか。

それでは、武帝期における丞相ら高官の地位の不安定化の背景には、いったいどういったことがあったのだろうか。それを解く鍵が紹介した公孫賀伝にあるように思われる。それは「朝廷は多事で、大臣たちを督責した」とあり、また「公孫弘以後」に丞相の地位の不安定化が進んだとされている点である。この二点を手がかりに不安定化の背景を考えてみたい。

「国家無事」から「国家多事」へ

　武帝の治世下での状況を表している「朝廷多事」という表現であるが、ほかにも「武帝（中略）、ときに方《まさ》に外は胡越《こえつ》を事《こと》とし、内は制度を興し、国家多事」（巻六五東方朔《とうほうさく》伝）や、「是《こ》の時、漢方《まさ》に南は両越を誅し、東は朝鮮を撃ち、北は匈奴《きょうど》を逐い、西は大宛を伐つ。中国多事」（巻四六石慶伝）と同様の表現が史書にあり、いずれも武帝期の国政運営のありさまをあらわしている。そうした「多事」とは、右にあるような武帝の治世を特徴づける外征などの対外政策だったり、国内事業だったりと、国内外において積極的な政策が展開され、それによって社会が騒然とした状態になっているさまをあらわしている。一方、これと対比的な表現が「国家無事」である。有名な一文であるが、『史記』平準書に「今の天子〔武帝〕が即位されて数年、漢が興ってから七十餘年に及ぶ間は、国家に事無く〔国家無事〕（下略）」と記されている。まさに武帝の即位をきっかけとして、漢は「国家無事」から「国家多事」へと大きく変貌していったのである。

平準書の右の記事に続いて、国家多事のありさまが記述されている。多少煩雑にはなるが、時系列で整理してみよう。なお、もう一つの手がかりとなる公孫弘という人物の経歴を縦軸におくこととする。

〈前一四〇（建元《けんげん》元）年〉

公孫弘、賢良方正《けんりょうほうせい》の士に推挙され、博士となる

〈前一三八（建元三）年〜前一三三（元光《げんこう》二）年〉

閩越《びんえつ》と東甌《とうおう》▲との紛争に介入したため、「江淮の地は、騒然となり民衆への負担がふえた」。西南夷《せいなんい》▲の攻略を進め、巴蜀《はしょく》▲へと勢力を拡大するも、困難な土木工事をともなったため、「巴蜀の民は、疲労の色を濃くした」。朝鮮を制圧し、その地に蒼海《そうかい》郡を設置する。ために「燕斉《えんせい》▲の地では、民心が動揺した」。王恢《おうかい》の計謀により馬邑《ばゆう》の役▲が勃発し、これ以降、漢と匈奴は戦争状態に突入した。その結果、「戦いが続き、軍が解かれることがなかった。天下の民はその負担に苦しんだが、戦いはいよいよ激しくなった」。

〈前一二九（元光六）年〜前一二四（元朔《げんさく》五）年〉

▼閩越と東甌　ともに越族によって建てられた国。閩越は現在の福建省、東甌は現在の浙江省にあったとされる。前一三八年、閩越が東甌を攻めると、武帝は東甌を救援し、東甌の民を江淮（長江と淮水）の間に移住させた。

▼西南夷　現在の四川省南部から雲南・貴州両省を中心に生活していた非漢民族の総称、あるいはその地域を意味する。この地域には夜郎《やろう》国、滇《てん》国、邛都《きょうと》などの国があった。武帝は現在の広東省にあった南越国制圧のためのルート開拓を目的として、この地域への軍事的進出をはかった。

▼巴蜀　現在の四川省の古称。もともとは西南夷の世界であったが、戦国秦の恵文王（在位前三三八〜前三一一）の時代に秦の支配下にはいった。武帝は西南夷開拓のための拠点として巴蜀の地への支配を強めた。

▼燕斉　戦国時代に燕および斉の国があった、現在の河北省から山東省にかけての地域。両国が滅びたあ

とも旧名をもって地域名称とされた。

▼馬邑の役　前一三三年、馬邑(現在の山西省朔県)の土豪聶壱《じょういつ》の献策を容れた武帝は、匈奴の軍臣単于《ぐんしんぜんう》を討つべく策略をめぐらしたが、結局失敗した。この結果、漢と匈奴の和親関係は破綻し、匈奴の侵攻は激しさをまし、それに対抗して、漢も全面的な戦争へと突入していった。

▼河南の地　黄河が北に大きく湾曲した屈曲部で、西・北・東が黄河に囲まれた一帯を指す。中国内地の河南郡の「河南」とまぎらわしいので、明代にこの地を占拠したモンゴルのオルドス部にちなんで「オルドス」と呼ぶようになった。古代にあっては豊かな草原地帯であったため、秦以来、匈奴との間で争奪戦が繰り広げられてきた。漢建国直後に匈奴の勢力下にはいっていたが、衛青率いる漢軍が前一二七年に河南の地から匈奴の勢力を一掃し、久方ぶりに河南は漢の支配するところとなった。

対匈奴戦争が本格化する。車騎《しゃき》将軍衛青《えいせい》率いる漢軍は、匈奴から「河南《かなん》の地」▲を奪取。その地に朔方郡《さくほう》が開設される。このとき、漢は西南夷攻略のため、数万人を動員して道路網の建設をおこない、また朝鮮支配のための事業にも同様な支出を要した。そうした状況下での朔方郡開設には新たに一〇万あまりの人的動員が必要とされ、その負担をしいられた山東の民は苦しみ、また国庫の支出も数十億銭から百億銭にものぼり、国庫はいよいよ不足するにいたった。

〈前一二六(元朔三)年〉

公孫弘、御史大夫に就任

〈前一二四(元朔五)年〉

公孫弘、丞相に就任「春秋の義を以て臣下を縄《ただ》し、漢の相《しょう》を取る」

衛青、六将軍一〇余万の軍を率いて匈奴の右賢《ゆうけん》王を撃ち、大勝利をおさめる。

〈前一二三(元朔六)年〉

衛青率いる漢軍、匈奴を攻撃し戦果をあげる。戦功ある士卒には多大な恩賞が賜予される。また、漢に投降した匈奴兵にも報償や衣食が支給された。これらの費用はすべて国庫から支出された。そのため多額の戦費とあいまって、漢

●漢と匈奴の勢力図

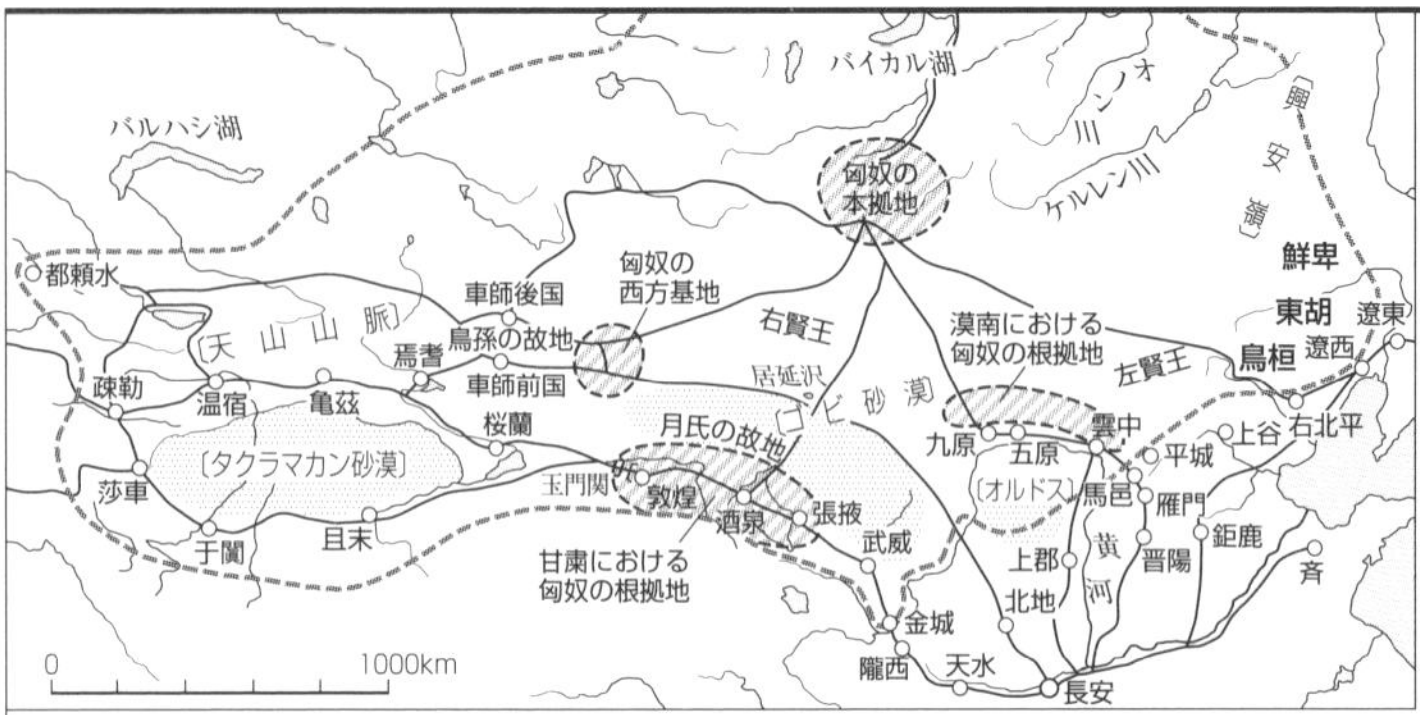

〔出典〕大庭脩『秦漢帝国の威容』(図説中国の歴史 2)講談社，1977 年，p.160 をもとに作成

●茂陵（武帝の墓）　茂陵の周囲には、武帝の治世をいろどった人物たちが眠る二〇基ほどの陪冢《ばいちょう》があるが、武帝の皇后、衛子夫の弟で、対匈奴戦争で活躍した大将軍衛青（？～前一〇六）の墓もその一つである。ところで、武帝以前の将軍は、皇帝から部下の専殺権を委譲されるなど極めて強い権力と自立性を有していた。しかし、大将軍衛青は自身にとって六回目となる出陣にさいして、部下のほとんどを失って単身戦線を離脱するという失態をしでかした将軍蘇建《そけん》の処置に関して、従前どおり専殺権を行使すべしという声を退け、蘇建の身柄を都に送還し武帝の判断・処置に委ねるという道を選択した。こうした大将軍衛青の行動は、ほぼ同時に進行していた丞相のあり方の変化と軌を一にするものであったろう。

●霍去病墓「馬踏匈奴兵」石彫（茂陵博物館）

●霍去病墓　霍去病（前一四〇頃〜前一一七）は、衛青と並ぶ対匈奴戦争の立役者。衛皇后や衛青の姉である衛少児と霍仲孺との間に生まれ、衛青の甥にあたる。一八歳で叔父衛青について従軍すると早々に戦功をあげ、列侯に封ぜられる。前一二一年、二〇歳で驃騎将軍に任じられると、匈奴渾邪王の軍を撃破し、河西回廊を制圧した。敗れた渾邪王は単于による誅殺を恐れ、四万人をこす部衆とともに漢に投降した。かくも華々しい戦功をあげた霍去病だが、前一一七年、二四歳という若さで死去した。

の財政支出は膨大なものとなった。

〈前一二二(元狩元《げんしゅ》)年〉

淮南王劉安《りゅうあん》、衡山《こうざん》王劉賜《りゅうし》、江都《こうと》王劉建《りゅうけん》の謀反《ぼうはん》があいついで発覚。武帝は厳しい追及を命じ、結果、事件に連座して死する者が数万人にのぼった。

〈前一二一(元狩二)年〉

驃騎《ひょうき》将軍霍去病《かくきょへい》、匈奴に出撃し、河西回廊《かせいかいろう》▲を制圧した。

匈奴の渾邪《こんや》王が部衆数万人とともに漢に降伏する。その受け入れの費用や彼らへの賞賜に多額の費用を要した。この年の国庫支出は百億銭あまりにのぼった。

公孫弘、死去

〈前一二〇(元狩三)年〉

山東地方で大水害が発生する。その対策に一億銭を要した。そのため国家財政がほぼつきかける。そうした状況を受けて、御史大夫張湯《ちょうとう》▲が東郭咸陽《とうかくかんよう》・孔《こう》僅《きん》▲・桑弘羊《そうこうよう》▲ら財務官僚とともに国家財政立てなおしのための新財政政策を発動する。

▼河西回廊　中国甘粛省の黄河から西の、祁連《きれん》山脈の北側にそった狭長な地域を指し、細長く伸びているところから河西回廊、あるいは河西通廊と呼ばれる。砂漠のなかにオアシスが点在し、いわゆるシルクロードの東端を形成する。この地を制圧した漢は、前二世紀末以降、酒泉《しゅせん》・張掖《ちょうえき》・敦煌《とんこう》・武威《ぶい》の四郡を前後して設置し、直接支配に乗り出した。

▼張湯(?～前一一五)　長安県の官吏であった父のもと、幼少期から法務実務に類いまれなる能力を発揮したというエピソードをもつ。武帝期のいわゆる酷吏を代表する人物とされるが、御史大夫在任中には破綻に瀕した国家財政再建のため、皮幣・白金・五銖銭といった貨幣の新造、塩鉄専売制、告緡制《こくびんせい》の実施といった新財政政策を主導した。

▼**東郭咸陽・孔僅**(ともに生没年不詳)　東郭咸陽は斉(山東省)の大製塩業者、孔僅は南陽(河南省)の大製鉄業者だったが、御史大夫張湯の主導による塩鉄専売制実施にさいして、国家財政を担当する大司農の実務担当官僚として抜擢され、塩鉄専売制の実質的運営に手腕を発揮した。

▼**桑弘羊**(?〜前八〇)　洛陽の商人の子として生まれ、年少より会計の才に優れていた。若くして武帝の側近の臣となったが、やがて東郭咸陽・孔僅らとともに塩鉄専売制の立案・実施に加わり、その能力をおおいに発揮した。その後も均輸・平準法の実施を主導するなど、財務官僚として活躍した。武帝の死にさいして御史大夫に就任し、幼き昭帝の輔《ほ》翼《よく》に参画した。

「漢の武帝」といえば、積極的対外政策による周辺諸民族との戦争・侵略、それにともなう占領政策の推進、そしてその結果としての国家財政の逼迫、その立てなおしのための新財政政策の発動といったことが、特徴的に語られてきたが、まさに右にはそうした要素がぎっしりと詰まっている。まさに「国家多事」の一端が示されているといえるだろう。また、もう一つの手がかりとしてあげた公孫弘という人物が、官界にデビューし、御史大夫そして丞相という中央政府のトップにのぼりつめていく過程は、まさしく武帝即位当初の「国家無事」から「国家多事」へと、彼らを取り巻く環境が劇的に変化していった時期と重なり合っている。そこで、次に公孫弘の官界での動きと彼がはたした役割を考えてみよう。

公孫弘の登場

武帝即位の翌年、前一四〇(建元二)年に賢良方正の士の推挙が命じられ、全国から集められた多くの人材のなかに、のちに丞相へとのぼりつめていく公孫

▼**博士**　秦代からおかれたとされる官職。奉常《ほうじょう》(国家の祭祀・学術をつかさどる。景帝のときに太常《たいじょう》に改称)の属官。本来は故事来歴に精通した学識者が登用されたが、武帝の前一三六年に、儒学の詩・書・易・礼・春秋の各経典を専門に教授する五経博士がおかれた。

弘が含まれていたことは、すでにふれた。そうした彼の経歴を簡単に紹介しておこう。

公孫弘は、黄河下流の菑川《しせん》国薛《せつ》県(現山東省滕《とう》県)の貧家に生まれ、若いころは養豚にたずさわるなど苦労を重ねるが、四〇歳を過ぎてから儒学の経書の一つ『春秋《しゅんじゅう》』を学び、やがてその名を知られるようになった。六〇歳のとき、賢良に推挙され、董仲舒《とうちゅうじょ》らとともに都長安に召し出された。その後、博士《はかせ》▲となって匈奴の地へ使者として派遣されたが、その報告が武帝の意にかなわなかったことから、官を辞して郷里に帰った。前一三〇(元光五)年、ふたたび賢良文学に推挙され、そのさいに武帝から出された課題(策問)への答案(対策)が評価され、博士にふたたび任用された。その後の経歴はかならずしもはっきりしないが、ほどなくして都長安およびその周辺を管轄する地方長官の一つ、左内史《さだいし》に就任している。数年後の前一二六(元朔三)年、御史大夫に就任すると、その二年後にはついに丞相にのぼりつめた。御史大夫そして丞相という官界トップの官職在職年数は六年ほどで、前一二一(元狩二)年に八〇歳で、丞相に在任のまま亡くなっていることから、官僚としての活動年数もわずか二〇年足らずという人物である。

こうした経歴の公孫弘の官僚としての言動について、これまでも指摘されている特徴がある。それは、同時代の儒学者であった轅固《えんこ》という人物が、公孫弘に発したとされる「曲学して以て世に阿《おもね》る無かれ〔学問をねじ曲げて世間に阿ってはならない〕」（『史記』儒林伝）から生まれた「曲学阿世《きょくがくあせい》」という言葉に端的にあらわされているように、武帝に対してひたすら迎合するという態度である。史書には、「朝廷に参集して議するたびに、弘はその持論の一端を開陳して、その採否を主上に択《えら》ばせ、自らは面前でその過ちを責めず、朝廷で是非を争おうとしなかった」。あるいは「弘は事を奏上し、主上が裁可しないことがあっても、朝廷で争弁しようとしなかった」（ともに公孫弘伝）と記されている。

こうした官僚としての言動は、同じ中央官界の同輩からも反発を受け、ときには厳しく指弾された。あるとき、公孫弘が公卿たちと事前に協議した案件について、御前にいたるや約定に反して武帝の意向に一人賛成したことがあったが、その場にいた主爵都尉《しゅしゃくとい》▲の汲黯《きゅうあん》からは、「斉の人間は嘘つきが多く誠実ではないというがそのとおりだ。初め臣らとともに協議して結論をえておきながら、

▼**主爵都尉**　もとは主爵中尉といい、秦以来の官職であった。景帝のときに、主爵都尉と改称。列侯のことを掌っていた。武帝の前一〇四（太初元）年、右扶風《ゆうふふう》と改称し、首都圏の一部を管轄する行政長官へと変化しているが、その経緯はかならずしもはっきりしない。

今それにことごとく背いた行為は、まさに不忠である」(公孫弘伝)と罵られた。しかし、公孫弘への周囲の反発、批判が強まれば強まるほど、武帝の彼への厚遇ぶりはましていった。「左右の寵臣たちが弘をそしるたびに、主上はますます彼を手厚く遇した」(同上)。

また司馬遷《しばせん》は、公孫弘が表向き寛容を装うが、内実は冷酷で競争相手を蹴落とすことをつねに画策するような狡猾で陰険な人物だと評している。つまり、公孫弘の武帝の意志を第一と考える姿勢は、自らの保身のための処世術だったというのである。

しかしながら、平穏無事な時代、つまり「国家無事」のときならいざ知らず、まさに「国家多事」、激動の政治・社会状況にはいっていった時期に、保身のみを考える丞相が、武帝の信用を勝ちうることができただろうか。即位直後に二度にわたって苦渋をなめた武帝も、三〇歳代に近づき、それなりの政治感覚と手腕をかね備えてきたと思われる。それだけに、公孫弘という人物は決して保身に長けただけということにとどまらない、もっと重要な役割をもって「国家多事」のもとでの官界に登場してきたのではないだろうか。

春秋の義をもって臣下を縄す

　官僚としての公孫弘は、自らの政治理念を掲げ、それを声高に主張したり、ときとして皇帝とであろうと対峙したりするタイプでは決してなく、ましてやさきに取り上げた外戚田蚡のように、私的利害を交えながら、年若き武帝を掣《せい》肘《ちゅう》するといったタイプではまったくなかった。ひとえに皇帝を第一と考えて発言行動する官僚だった。影山剛▲は、こうした公孫弘を「皇帝の意志にはどのような掣肘も加えず、反対に武帝の意向・意図は細心・鋭敏に察知し、これを自己を目立たせない形で実現していく資質」をもっていたと評している。

　それでは、そうした人材を見出し、登用していった武帝の意図はどこにあったのだろうか。そのことについて、武帝期の「国家多事」のありさまを伝えてくれる『史記』平準書に、「公孫弘、春秋の義を以て臣下を縄《ただ》し、漢の相を取る」とある。つまり、公孫弘は「春秋の義を以て臣下を縄《ただ》す」ことで、武帝の厚い信任を獲得し、丞相へとのぼりつめたというのである。この「春秋の義」とはなにか。「春秋」が経書の一つ『春秋』を意味していることは明らかだろう。『春秋』とは、孔子▲の母国、魯▲《ろ》の前七二二（隠公元《いんこう》）年から前四八一（哀公《あいこう》一

▼**影山剛**（一九一七〜二〇〇〇）　東洋史学者。福井大学教授。主著に『中国古代の商工業と専売制』などがある。

▼**孔子**（前五五一〜前四七九）　春秋時代末期の思想家・教育者で儒学の祖とされる。詳しくは高木智見『孔子――我、戦えば則ち克つ』（世界史リブレット人10、山川出版社）参照。

▼**魯**　周の初め、周公旦《しゅうこうたん》の子の伯《はく》禽《きん》が封建された国。孔子の母国。

四)年まで二四二年間におよぶ年代記である。その『春秋』には聖人孔子の筆削が加えられているとされ、そのため簡潔な年表形式の歴史記述には、孔子の精神が込められていると信じられ、儒教の経典としての地位が与えられた。『春秋』を孔子の作と最初に唱えたのは▲孟子だとされている。『孟子』滕文《とうぶん》公下に、

　世衰え道微にして、邪説暴行有作《またおこ》る。臣にして其の君を弑《しい》する者これ有り。子にして其の父を弑する者これ有り。孔子懼《おそ》れて春秋を作る。春秋は天子の事《しごと》なり。是の故に孔子曰く、我を知る者は、其れ惟《ただ》春秋か。我を罪する者も、其れ惟春秋かと。(中略)孔子、春秋を成《つく》りたまいて乱臣賊子懼《おそ》る。

とあり、臣下が君主を殺し、子が父を殺すという世の乱れを憂いて、孔子は天子を頂点とする秩序体系を正すべく『春秋』を著したというのである。すなわち、『春秋』には孔子が理想とした天子を頂点とした政治秩序の理念が徹頭徹尾込められていることとなる。それを踏まえると、「春秋の義」とは天子と君臣との秩序だった関係を表現するもので、まさに絶対であるべき君臣の大義ということになるだろう。

▼**孟子**(前三七二頃〜前二八九頃)　戦国時代の思想家。姓は孟、名は軻《か》、字は子輿《しよ》。孔子の生地に近い魯の鄒《すう》(山東省)の人。仁義王道による政治を説き、自ら孔子の継承者をもって任じ、性善説・易姓革命を唱えた。後世、「亜聖」と称される。

公孫弘が四〇歳を過ぎたころから学びはじめた学問が、『春秋』だったことはすでにふれた。絶対的な君臣の大義を学んだ公孫弘が、官界にあって武帝を唯一無二の支配者と認識し、彼の意志を絶対視することを政治理念としたことは、至極当然のことだろう。と同時に、その理念は自己保身の処世術では決してなく、「臣下を縄す」ためのものであったと考えるべきだろう。彼が武帝の面前で、同輩たちとの事前の約束事をいとも簡単に破ったり、自らの考えが武帝に容れられなくても決して反論しなかった、といったエピソードは、自らの行動をもって官界全体へ範を垂れるという彼のパフォーマンスだったのかもしれない。たとえそれがいわれなき批判を浴びることになったとしても、自らが「国家多事」の時代に求められる官僚のありようを示すことで、官界全体にそうした認識を広め、新しい官僚組織へと生まれ変わっていく、そうした道筋を指し示したのではないだろうか。

武帝による積極政治が展開され、それによって「国家多事」と表現される多難な時代状況が顕在化してくるなか、まったく新しいタイプの丞相が登場し、「臣下を縄し」つつ最高権力者としての武帝を絶対視し、そのもとで国政運営にあたる官僚機構づくりが進められたのである。

公孫弘の遺産

ここまで「国家多事」と公孫弘の登場とを手がかりとして、武帝期に顕在化した新しい動きをみてきた。それを踏まえて、公孫弘以後の丞相をめぐる、その地位の不安定化の背景を検討してみたい。すでに何度も取り上げてきた公孫賀伝に、「国家多事」のもと丞相が厳しく督責され、在職中に下獄し、死をもって終わりを迎える丞相があいついだとされる一方、「謹なるを以て終わるを得ると雖《いえど》も、然るに数々譴《けん》せられ」た石慶という人物がいたと記されている。厳しく督責されながら職を全うしたという点に、問題を解く鍵がひそんでいるように思われる。

石慶の丞相在任期間は、前一一二(元鼎《げんてい》五)年から前一〇三(太初《たいしょ》二)年までの九年間だが、「当時まさに漢は南に南越▲・閩越を誅《う》ち、東に朝鮮を撃ち、北に匈奴を逐い、西に大宛▲を伐つなど、中国は多事であった。天子は海内を巡幸し、上古の神祠を修復し、封禅《ほうぜん》し、礼楽を興したりして、朝廷の財用が乏しくな

▼南越　秦末の混乱に乗じ、南海郡尉の趙佗《ちょうだ》が嶺南地方(現在の広東・広西省)の越人社会を支配し建てた国。漢が成立するとその藩国となったが、その後自立して福建やベトナムあたりまで勢力を拡大した。第四代国王趙興のとき親漢派と越人派の対立が激化するなど国内が混乱し、前一一一年、武帝が派遣した漢軍によって滅ぼされた。

▼大宛　漢人が、中央アジアのフェルガナ地方にあったイラン系の国家あるいはその地方につけた呼称。武帝が西域に派遣した張騫《ちょうけん》の報告によって知られることになった。武帝は張騫の報告にあった大宛原産の名馬・汗血馬《かんけつば》を獲得すべく、弐師《じし》将軍李広利《りこうり》に二度の遠征を命じた。

っ」(石慶伝)たと記されるように、「国家多事」の様相がいよいよ深まっていた。そうした状況のもと、「桑弘羊らは富国をはかり、王温舒《おうおんじょ》のともがらは法律を厳にし、児寛《げいかん》らは文学をすすめるなど、九卿がそれぞれその職責をはたし」(同上)ていた。それゆえに「国政が慶によって決せられることはなく、(中略)丞相に在任した九年間、国政に関わって何ら有益な上言をすることはなかった」(同上)と記されている。これから判断するかぎり、石慶はひたすら謹厳実直な人柄をもって、丞相の任を全うしただけの人物だったようだ。

しかし、はたしてそうであろうか。前一〇七(元封《げんぽう》四)年、瓠子の「河決」の影響で、関東にいまだ二百万人もの流民が残存するという事態に対し、公卿がそのうちの戸籍なき民四〇万人を徙民《しみん》▲しようとして、武帝の怒りを買うという事件が発生した。丞相石慶は責任を取って辞職せんと願い出たが、武帝は、大量の流民の発生は官吏の不正・怠慢に起因していること明白であるのに、丞相である汝はそれへの対処を怠り、民心のさらなる動揺をまねいたことに、はなはだ失望している、と石慶の対応を厳しく指弾した。その武帝の発言のなかに、「君は長吏を縄責《じょうせき》せず(君不縄責長吏)」(石慶伝)というくだりがある。つまり、

▼徙民　中国の歴代王朝において、一定の政治目的をもって民を強制的に他の地に移住させることをいう。秦漢時代にあっても、秦の都咸陽や漢の長安あるいは前漢の陵邑《りょうゆう》、北辺の開拓地へ強制的な移住、徙民がおこなわれた。徙民には、地方の豪族を対象とする場合と、一般の民衆を対象とする場合とがあり、首都圏の整備や辺境の開拓、防衛を目的におこなわれた。

武帝は、丞相である石慶が官僚あるいは官府に対する「縄責」、監督指導を怠ったことを、ここでは問題にしたものと考えられる。この丞相による官僚・官府の「縄責」こそ、公孫弘が実践した「春秋の義を以て臣下を縄す」ことだと思われる。

要するに、丞相石慶が在職中、国政に積極的に関わらなかったとされているのは、丞相がその権限を弱め、人格者という資質でもって任を全うするだけの存在だったがためではない。彼は、「国家多事」のもと、最高権力者である皇帝の意を体しつつ、それぞれの能力を発揮し日々の職務に精勤する中央・地方の官僚・官府を指揮監督することを、第一に求められていたのである。そしてそれこそが、公孫弘という人材を抜擢することによって、武帝がめざした新しい丞相のあり方だったわけである。つまり、武帝によって求められた丞相とは、自ら政策を立案し、積極的に提言していくというよりも、高度な専門知識と実務能力とで「国家多事」の状況に立ち向かう官僚・官府を、皇帝の絶対的支配のもとに機能する組織体としてまとめ統轄していく、組織管理者とでもいうべきものだったのである。

③—側近官の登用と新たな皇帝支配の動き

武帝の人材発掘と側近官の登用

武帝が、その即位直後に賢良方正《けんりょうほうせい》の士の推挙を命じ、公孫弘《こうそんこう》や董仲舒《とうちゅうじょ》など有為の人材が世にあらわれたことはすでにふれた。武帝による人材の発掘と登用は、「武帝はすでに俊英の人材をまねき、その器量や能力をはかり、次々に登用したが、それでも採り残すことを恐れた」(東方朔伝《とうほうさく》)と記されるように、その後もさかんにおこなわれた。そのため「是《こ》の時、朝廷に賢材多し」(同上)と表現されるほどに、有為の人材が集まってきた。『漢書』を著した班固《はんこ》は、こうした武帝のときの人材の輩出ぶりについて、公孫弘卜式児寛伝《ぼくしきげいかん》の賛(班固自身の論評)で、次のように評している。

漢が人材をえたことは、武帝の御代においてさかんとなった。優れた儒者としては公孫弘・董仲舒・児寛、篤行の士では石建・石慶《せっけい》、質実の士では汲黯《きゅうあん》・卜式《ぼくしき》、賢材の推挙では韓安国《かんあんこく》・鄭当時《ていとうじ》、律令の制定では趙禹《ちょうう》・張湯、文章の士では司馬遷・(司馬)相如《しょうじょ》、弁が立つことでは東方朔・枚皋《まいこう》、応対の上手さでは厳助《げんじょ》・朱買臣《しゅばいしん》、暦数にたくみなのは唐都《とうと》・洛下閎《らくかこう》、音律のたくみさでは李延年《りえんねん》、謀略の士では桑弘羊、使命を全うする者としては張騫《ちょうけん》・蘇武《そぶ》、将軍としては衛青・霍去病、遺詔《いしょう》を受ける者としては霍光・金日磾、などなどでその他はいちいち記しきれない。ここにおいて多くの事業が創造され、その制度や文化は後世これにおよぶものはないほどである。

まさに「朝廷に賢材多し」のありさまである。ただし、ここに名前があがっているのは、この時代の表舞台でそれぞれ華々しく活躍した人たちである。武帝の人材登用がこれにとどまらないことは言を俟《ま》たない。

ちなみに、前一三四(元光《げんこう》元)年、画期的な官吏任用の制度が創設された。孝《こう》廉制《れんせい》と呼ばれるものである。制度の内容は、郡守《ぐんしゅ》や国相《こくしょう》など郡国の長官に、毎年孝行なる者と廉潔なる者それぞれ一人を選んで中央に推挙させ、審査したうえで郎官《ろうかん》に補任するものである。この郎官は、やがて地方や中央の要職へ昇進するための登竜門となる官職だが、孝廉制創設以前は、二〇〇〇石《せき》以上の官吏▲で在任期間が満三年をこえると、子弟一人が郎官に任用される「任子《にんし》」、ある

▼**二〇〇〇石以上の官吏**　漢の官職の等級は、十数等に分かれ、重量単位である石《せき》であらわされた。石数によって分かれる等級は、時期によって変遷するが、おおまかに一〇〇石以上、二〇〇石以上、六〇〇石以上、そして二〇〇〇石以上の四段階となる。そのうちの二〇〇〇石以上の等級には、郡守(二〇〇〇石)、九卿(中二〇〇〇石)、三公など郡国や中央省庁の長官や大臣などの最高官僚職がある。

いは一定以上の資産（景帝《けいてい》以前は十万銭、景帝のときは四万銭）をもつ人物を補任する「富貲《ふうし》」が、一般的な方法だった。孝廉制は、こうした本人の才能や能力とは無関係な従来の方法を一変させ、個人の資質を重視する人材登用として創設されたのである。

こうした孝廉制の創設によって、郡守・国相という地方長官の職権が強化され、郡国と県との関係が組織化されていったとされているが、それと同時に、「景帝中五年王国改革」によって地方長吏のポストが大幅に増加したことへの対応策、という側面が大きかったであろうことが指摘されている。爆発的に拡大した直轄支配領域への支配を担う、有能な長吏《ちょうり》の数を確保するための現実的施策であったと考えられる。

さて、右の班固の賛に、「弁が立つことでは東方朔・枚皐、応対の上手さでは厳助・朱買臣」と紹介されている人物たちだが、厳助伝には、彼らについて次のように記されている。

厳助は、会稽《かいけい》郡呉《ご》県の出身である。（中略）郡より賢良に推挙された。この時百余人が武帝の諮問に対《こた》えたが、武帝は厳助の対《たい》を第一とした。これに

より ただ一人抜擢され中大夫《ちゅうたいふ》になった。この後、朱買臣・吾丘寿王《ごきゅうじゅおう》・司馬相如・主父偃・徐楽・厳安・東方朔・枚皋・膠倉《こうそう》・終軍・厳葱奇《げんそうき》らの人材がえられたが、彼らは「並びに左右に在《あ》った」。

こうした人材が多く登用された背景には、右の記事に続いて「当時、漢は四方の夷狄を征伐し、辺境の郡を開設し、遠征の軍がしばしば発せられ、国内では制度の改革がおこなわれるなど、朝廷は多事であった」とあるように、前章で述べた公孫弘に始まる新しいタイプの丞相《じょうしょう》が登場してきたときと同様に、「国家多事」という政治状況があったことがわかる。

これまで、厳助ら一群の官僚たちについては、中央政府の大臣たちと対立し、大臣たちの政治力やその立場を侵害する存在であったと理解されてきた。しかし、「国家多事」という状況下にあって、国家の総力をあげた国政運営が喫緊の課題となっているなかで、はたして政権中枢でのそうした対立の構図を、武帝自らが意図したと想定することが妥当なのだろうか。「国家多事」のもとで、彼ら一群の官僚たちに期待された政治的役割についてあらためて考えてみたい。

加官――「並びに左右に在り」

この問題を検討するにあたり一つの手がかりとなるのが、彼らが任用された官職である。厳助はその対策が認められ中大夫に抜擢されている。ほかに、朱買臣・主父偃は同じく中大夫、吾丘寿王は光禄大夫《こうろくたいふ》（中大夫が改名されたもの）、東方朔は太中大夫《たいちゅうたいふ》など、史書で確認できるかぎりにおいて、九卿《きゅうけい》の一つ郎中《ろうちゅう》令《れい》（のち光禄勲《こうろくくん》）の属官である大夫に多く任じられている。百官表の郎中令の説明には、「属官に大夫・郎・謁者《えつしゃ》があり、いずれも秦官である。（中略）大夫は論議をつかさどり、太中大夫・中大夫・諫大夫《かんたいふ》があり、いずれも定員がなく、多いときには数十人にものぼった」と記されていて、国政に関わる実務ではなく、いうなれば皇帝のブレーントラスト（知能顧問団）的役割を担っていたと思われる。

さらに、彼らにはいま一つ共通する特徴がある。それが、右に掲げた厳助伝の記事の最後に記されている「並びに左右に在った」である。「左右」は「そば、かたわら」の意であり、厳助や朱買臣らが皇帝のブレーントラストだったことを踏まえると、おのずから彼らは武帝の側近に侍《はべ》っていたということになるだろう。

よく知られていることだが、漢初の皇帝と官僚との関係は比較的開かれたものだった。高祖のとき、御史大夫《ぎょしたいふ》周昌《しゅうしょう》が宮中にて奏上しようとしたところ、たまたま高祖が寵愛する戚姫《せきき》を抱擁しているところに出くわしてしまい、あわてて逃げ出したものの、追いかけてきた高祖につかまり、首に跨《また》がられて「わしはどんな君主だと思うか」と問われ、思わず「桀紂《けっちゅう》▲のような君主です」と答えてしまったが、高祖はそれを聞いて笑い出した、というエピソードがある(『史記』張丞相列伝)。漢の初めには、宮殿内の皇帝のプライベート空間にまで、わりと自由に官僚が出入りできていたようだ。こうした雰囲気は、建国から時間がたつにつれ、また国制が徐々に整備されていくなかで薄まっていったと思われるが、武帝即位ごろまではまだ残っていたという指摘もある。

しかし、武帝が即位すると、しだいに皇帝のプライベート空間(禁中)と皇帝と官僚とが政務を執りおこなう空間との区別化、すなわち内と外との境界が厳重に分けられるようになっていった。そうした変化を示してくれるものの一つが「加官《かかん》」の存在である。「(朱買臣は)厳助とともに侍中《じちゅう》たり」(朱買臣伝)、「(吾

▼**桀紂**　夏《か》の桀王と殷《いん》の紂王のこと。ともに中国古代を代表する暴虐非道の君主とされており、転じて暴君のたとえとされる。

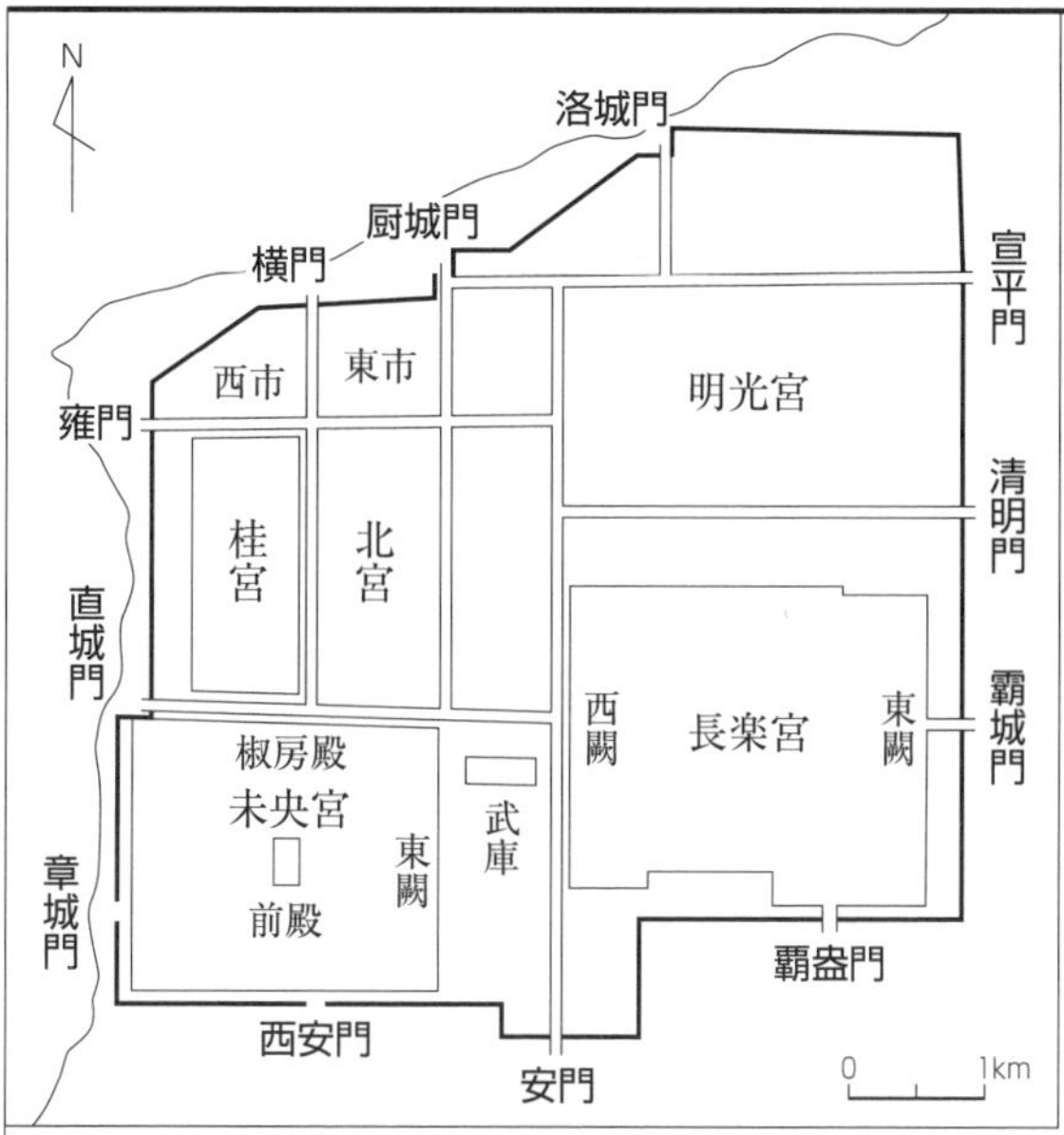

長安城図　長安城の中心は未央宮《びおうきゅう》であり、その中枢に位置するのが前殿(正殿)である。漢の皇帝たちはここで政務を執り、日常生活を送った。中央官庁は未央宮の西側に位置していたと考えられている。

長安城未央宮椒房殿遺跡　未央宮前殿の後方(北)には、皇后の住まいである椒房《しょうぼう》殿や皇后以外の夫人たちが暮らす掖庭《えきてい》殿が並ぶ、いわゆる後宮が位置していた。後宮は禁中と呼ばれ、一般の官僚たちの出入りは禁じられていた。武帝はここでプライベートな時間を過ごすとともに、加官を帯びた側近の臣たちの助力をえて、政務をこなしていたと考えられる。

丘寿王は)侍中中郎に遷《うつ》る」、「(吾丘寿王は)のち徴されて入りて光禄大夫侍中となる」(ともに吾丘寿王伝)、「武帝はその文章を異として、終軍を謁者給事中と為す」(終軍伝)、「武帝は東方朔を拝して太中大夫給事中と為す」(東方朔伝)などにある、「侍中」あるいは「給事中」について、百官表にはそれらを「加官」として説明している。

侍中・左右曹・諸吏・散騎・中常侍は、いずれも加官である。加えられる本官は列侯・将軍・九卿・大夫・中郎将・都尉・尚書・太医・太官令から郎中にいたる。定員はなく、多いときには数十名になる。侍中・中常侍は、禁中に入ることができ、諸曹は、尚書の事を受け、諸吏は、法を犯すものを摘発することができ、散騎は、騎乗して皇帝の車に寄り添う。給事中もまた加官である。加えられる本官は大夫・博士・議郎であり、諮問に答える事を掌り、その位は中常侍に次ぐ。

侍中あるいは給事中などを加官されて初めて、皇帝のプライベート空間である禁中に出入りすることができたというのである。ということは、加官されなければ禁中への出入りはかなわないわけで、武帝期にあってはそれだけ宮殿内における内と外との境界が厳然となっていたことを物語っている。

そうした加官については、労榦《ろうかん》▲による古典的研究を踏まえた新たな研究が、近年進められており、数ある加官のなかでも侍中・中常侍・給事中の三つが重要な役割を有し、禁中にはいり、皇帝の側近の侍臣として「並びに左右に在っ」て、皇帝との顧問応対にあたっていたことなどが明らかにされている。すなわち、武帝期の「国家多事」という状況下にあっては、皇帝は朝廷での公卿《こうけい》たちとの政務を終え、禁中に戻ったからといって政務それ自体から解放されることはなかったはずであり、禁中に戻ったあとも、新たに持ち込まれた案件の処理であったり、明日の公卿たちとの協議に備える準備であったりと、引き続き政務が禁中においても執りおこなわれたものと思われる。そうした禁中での皇帝の政務に助力すべく登用されたのが、加官され皇帝側近の臣となった彼らだったわけである。

「大臣と弁論す」

彼ら側近の臣たちの政治的役割は、内なる禁中での活動にかぎられたもので

▼労榦（一九〇七～二〇〇三）　中国古代史研究者にして、居延漢簡など新出土史料研究の第一人者。湖南省長沙の出身。字は貞一。一九三二年に発見された居延漢簡一万余点の整理と研究に取り組む。その成果は『居延漢簡考釈』『居延漢簡』図版之部および考釈之部などとして公刊される。居延漢簡や中国古代史に関する研究も数多く、それらの研究成果は『労榦学術論文集甲編』としてまとめられている。

はなかった。本章の冒頭で紹介した厳助伝の記事の後段部分に、「国家多事」のもとでの側近の臣たちと丞相公孫弘ら大臣たちとのやりとりのさまが描かれている。

公孫弘は匹夫より身を起こし、数年で丞相にいたった。邸宅《やしき》の東側の小門を開き、賢人をまねき入れてともに謀議した。彼は朝見して事を奏上するさいには、（事前の謀議の成果を踏まえて）国政に関わる便宜策を言上した。（それを受けて）武帝は、厳助ら側近の臣に命じて、（公孫弘が上程した便宜策をめぐって）大臣らと「弁論」させた。「中」なる側近の臣たちと「外」なる大臣たちとは、それぞれ理にかなった論旨でもって討議をおこない、結果として大臣側の意見・主張が退けられることがしばしばだった。（傍線部の原文「上令助等与大臣弁論。中外相応以義理之文。大臣数詘」）

この記事に関しては、従来、武帝期における新たな権力機構の出現と、それによる丞相ら大臣の権限の低下、地位の不安定化を裏付ける史料の一つとされてきた。しかし、そうした理解が成り立たないであろうことは、ここまで述べてきたことで明らかだろう。そこで、国家の便宜策をめぐる側近の臣たちと大臣たちとの「弁論」の実態と、そこでの側近の臣たちの政治的役割などについて、あらためて検討してみたい。

『漢書』に、右の「弁論」の具体例と考えられる記事が数例確認できる。当時の「国家多事」の一つ、「辺郡」(辺境の郡)の開設をめぐってのものである。

公孫弘は数年後、御史大夫に選任された。当時、東方に蒼海《そうかい》郡をおき、同時に北方に朔方郡を築いた。弘はしばしば諌めて、辺郡の開設は中国を疲弊させ、無用の地を奉《やしな》うようなものだと、その中止を嘆願した。そこで武帝は、朱買臣らに命じて、朔方郡開設の利便をあげて、弘に対して反論させた。朱買臣らが一〇箇条にわたって利を指摘したのに対し、弘は一つも反駁できなかった。弘は、私は山東出身の田舎者で、これだけ国益にかなっているとは知りませんでした、と謝罪し、そのうえで西南夷《せいなんい》と蒼海の開拓を止め、ただ朔方郡開設に国力を注がれますようにと願い出た。武帝はそれを裁可した。(公孫弘伝)

武帝は、朱買臣を中大夫に任じ、厳助とともに侍中を加官した。当時、朔方郡開設が動き出していた。公孫弘は、それが国家を疲弊させることにな

るとして反対した。そこで、武帝は朱買臣に命じて反論させた。（朱買臣伝）

中大夫の主父偃は熱心に、朔方の地が肥沃で、外は黄河を防衛線としており、（秦のときに）蒙恬《もうてん》▲がここに要塞を築いて匈奴を駆逐したこと、内は物資の陸輸・漕運《そううん》の費用が省け、中国を広げて匈奴を滅ぼす拠点となることを言上した。武帝はその主張をみて、大臣たちに審議させたが、彼らはこぞって国益とはならないと反対した。とくに公孫弘は、秦のときに三〇万の人員を動員してかの地を開拓しようとしたが、結局失敗し、放棄してしまったと主張した。朱買臣が公孫弘の主張をことごとく退けたため、ついに朔方郡が開設されるにいたったが、これは本来主父偃の計略だった。（主父偃伝）

前一二九（元光六）年に本格的に始まった対匈奴戦争は、前一二七（元朔《げんさく》二）年の衛青の第三次遠征において、匈奴の根拠地の一つ河南《かなん》の地から匈奴を駆逐するという大戦果を漢にもたらした。都長安から北わずか五〇〇キロに位置し、あたかも漢の喉もとに突きつけられた匕首《あいくち》のごとくであった河南の地が、漢の

▼**蒙恬**（?〜前二一〇）　秦の将軍。蒙氏は祖父以来三代にわたって秦に仕えた。蒙恬は統一後、三〇万の軍を率い、北方匈奴との戦いに活躍した。しかし、始皇帝死後の趙高らの陰謀により自殺を命じられた。

手に落ちたわけで、武帝がその支配を確固たるものにすべく、新たに朔方郡を開設しようとしたことは至極もっともなことだった。しかしながら、ほぼ同時期に進められていた西南夷開拓や蒼海郡設置などの事業とあいまって、莫大な財政出動を余儀なくされ、結果として国家財政に大きな負担がかかり、「府庫並びに虚し」(食貨志《しょっかし》)、つまり国庫が底を突くという事態をまねいたのも事実であった。

右にあげた記事からは、武帝とその側近の臣たちによって進められる朔方郡開設に対して、公孫弘ら大臣たちが財政的見地からそれに反対したが、武帝に命じられた側近の臣たちの反駁によって、結局朔方郡開設は続行されるにいたった経緯が読み取れる。つまり、武帝サイドの一方的勝利、大臣側の全面敗北の構図となる。しかし、筆者は右の公孫弘伝に、公孫弘が自らの無知を謝罪したあと、あらためて西南夷および蒼海郡の放棄と朔方郡開設への国力集中を進言し、武帝がそれを認めたとあることに着目したい。

武帝の支配を支える大臣と側近の臣たち

当時、巴《は》・蜀《しょく》の四郡（漢中・巴・広漢・蜀）は西南夷への道を通じ、国境守備兵をもって糧食を転送したが、数年で道が通じなくなった。士卒は疲労と飢餓に加えて暑熱と湿気にあい、死者が非常に多かった。西南夷はしばしば叛《そむ》いたため、出兵してこれを撃ったが、費用がかさむばかりでなんの成果も得られなかった。武帝はこれを憂《うれ》え、公孫弘を遣わして実情を視察させた。弘は帰還すると復命し、西南夷の利がないことを進言した。弘が御史大夫になるにおよんで、たまたま漢が朔方に郡を開設し、黄河を境に匈奴を駆逐しようとした。そこで、弘らは西南夷開拓がその障害になると考え、西南夷開拓を当面見合わせ、国力を対匈奴に集中させるべきを訴えた。武帝はその進言を許した。

これは、『漢書』西南夷伝の記事であるが、公孫弘は、朔方郡開設が対匈奴戦略上重要であることを正しく認識しており、一方西南夷開拓などの事業が大きな障害になると判断し、その立場から当面朔方郡開設に国家の総力を傾けんことを願い出て、それが武帝の認めるところとなったというのである。つまり公孫弘は、武帝とその側近の臣たちによって立案された政策に、ただやみくもに反対し退けられたというのではなく、まずは武帝と側近の臣によって進められようとする政策に全面反対の姿勢をみせ、それが武帝サイドからの猛反駁を受けると、あっさりと反対意見を引っ込める。しかし結局のところ、国家にとって最優先すべき課題に特化した落としどころへと、たくみに議論を収束させていくという、極めて計算されつくした政治手腕を発揮した、ということになるのではないだろうか。

こうしてみると、武帝やその側近の臣たちと公孫弘ら大臣たちとの間で展開された「弁論」は、あらかじめ仕組まれた演出のように思えてくる。つまり、朔方郡開設の本格化という結論ありきの出来レースだったのではないだろうか。朔方郡開設が武帝の推し進める対匈奴戦争の展開にいかに重要な意味をもっているかということは、さきに述べたとおりである。しかし一方で、先行していた種々の国家事業とあいまって莫大な財政支出をともない、国家財政の危機を招来していたことも事実であった。そのため官界には「便ならず」(主父偃伝)、つまり国益にかなわないという声が強かったのであろう。そうした反対の空気が優勢ななかで、いかに皇帝自らの意図する政策を実行に移し、自らがめざす国政運営を実現するか。まさに武帝による皇帝支配のあり方が、この「弁論」に凝縮されていたとみることが可能なのではないだろうか。

すなわち、この「弁論」は、武帝と彼のブレーントラストである側近の臣、そして「春秋の義を以て臣下を縄《ただ》す」ことを己が使命としていた公孫弘、この三者が一体となって、いまだ武帝個人の意志にとどまり、かならずしも十分に官界の総意をえるにいたっていなかった政策を、官界の総意をえて国家の総力をあげて取り組むべき国家方針へと変換させていく、そうした政治機能を有していたとみることができるのである。国家戦略上重要な意味をもつことは明らかなれど、財政的問題を含めて反対の声も強かった朔方郡開設という国家的政策に、官界の総意という高次の合理性をもたせ、それによって国家の総力をもって事業展開できる環境を整えた、そのことに「弁論」の政治的意義を見出すことが可能なのではないだろうか。

そう考えてくると、武帝即位後ほどなくして登場してきた皇帝側近の臣と、公孫弘に代表される新しいタイプの丞相とは、権力をめぐって互いに対立し掣肘し合う存在だったのではなく、本来的には車の両輪のごとく、武帝がめざす皇帝支配に向けてともに同じ方向を向きつつ、皇帝を輔翼する存在だったというべきだろう。

新たな皇帝支配のあり方

既述のように、中国最初の統一国家として登場した秦は、始皇帝というスーパーマン的皇帝をもってして初めて統治可能な国家のあり方であった。よって、始皇帝なきあとの「ふつう」の皇帝、二世皇帝による統一的統治はたちどころに破綻し、統一秦は短日月に瓦解してしまった。そうした秦のあとを受けて、再度「統一」を達成した漢の高祖は、現実的な選択として郡国制を導入し、「ふつう」の皇帝によっても統治可能な国家としてのスタートを切った。しかし、呉楚七国《ごそしちこく》の乱の勝利、そして「景帝中五年王国改革」の実施を受けて、漢という国家は始皇帝の秦にも迫らんとする、巨大な国家へと急激な成長をとげた。つまり、「ふつう」の皇帝による統治の限界の域をふたたびこえてしまったわけである。

そうした状況のもと、武帝は即位した。そして即位早々に、「建元二年の政変」、瓠子《こし》の「河決《かけつ》」とあいつぐ挫折を味わうこととなった。年若き皇帝としての挫折であった、と同時に「始皇帝」的皇帝支配の限界の露呈でもあったといえるだろう。しかし、武帝はおそらく、この苦い経験から皇帝支配の限界をいち早く見抜いたに違いない。そこが、少なくも非凡なる皇帝であったであろう武帝の真骨頂である。そうした武帝によって新たな皇帝支配のあり方、すなわち「ふつう」の皇帝のみならず、非凡な皇帝をもってしても困難となった巨大な国家の統治をいかにするか、という問題を解決するための模索がおこなわれた。そのたどりついた答えが、組織的に国家を運用するという原理のもと、全権を皇帝に集中させるシステムであった。

まず、国家運営を担う組織としての官僚機構のトップに、絶対的権力者である皇帝の代理者として、組織の指揮監督をおこなう丞相があらためて位置づけられた。そのうえで国政の所管事項に長けたテクノクラート的大臣を配置した中央政府と、個人的能力をもとに任用された長吏に指導される地方行政組織を整備することで、皇帝支配を実現しうる官僚機構の組織化が進められた。これにより、「国家多事」に立ち向かうべく国政運営機能を高め、組織化された巨大な統治機構としての官僚機構が姿をあらわしてきた。しかし、これだけではこの巨大な官僚機構は、皇帝一人の能力をもってして統御できる限界をこえるまでに成長してしまう。

そこで、その官僚機構を皇帝が個人として統御していくのではなく、皇帝のブレーントラストとしての役割も担った側近官僚群をもってして、組織的に統御運用していくというあり方が模索されていった。つまり、側近の臣たちによる政策の提言などによって皇帝の統治能力を高めるとともに、「弁論」といった官僚機構トップとの政治的やりとりをつうじて、皇帝の意志・意図を国家総体の合意をえた国家的方針へと転換させた。それによって、皇帝という存在を生身の人間から体制的存在へと昇華させ、そうした体制的存在としての皇帝による支配がめざされたのである。その意味で、武帝によって創出された側近官僚群は、官僚機構という巨大な組織を統御運用することを目的とした、一種の皇帝官房▲のような存在だったといえる。ただし、当初それはあくまで官僚「群」にすぎなかった。そこで、やがて組織の組織的運用を政治機能とする新たな組

▼**皇帝官房**　官房とは、政府・官庁などの組織において、その組織の長官に直属して人事・文書・会計などの職務を担当する機関であり、その組織の中枢、心臓部ともいうものである。武帝の側近官僚たちは、武帝が官僚機構を統御運用して国家を運営していくうえで、まさに官僚機構の統御運用に関わる政治機能を担っており、その意味で「皇帝官房」という表現を使用している。

織、尚書《しょうしょ》が台頭してくることとなる。それについては、次章でふれることとする。

こうして武帝は、その即位直後にぶつかった旧来の皇帝支配の限界をみごとに克服していった。と同時に、始皇帝の中国統一以来ほぼ一世紀、一〇〇年の歳月をへて、皇帝支配のもとでの中国古代統一国家がほぼ確立することになったのである。

④—武帝の死と領尚書事

巫蠱の乱

前九一(征和《せいわ》二)年、武帝は齢六五を過ぎ、その在位も五〇年をこえた。中央集権的な統一国家の体制もほぼ確立され、武帝の晩年は平穏に過ぎていくかにみえた。しかし、そうした武帝を悲劇が襲った。皇太子劉拠《りゅうきょ》の死である。

皇太子劉拠は、対匈奴《きょうど》戦争の立役者、大将軍衛青《えいせい》の姉であり、武帝の寵姫《ちょうき》であった衛子夫が、前一二八(元朔《げんさく》元)年、武帝二九歳のときに生んだ長男である。拠が生まれると、母子夫は皇后に立てられた。衛皇后である。前一二二(元狩《げんしゅ》元)年、拠は七歳にして皇太子に立てられた。「上、年二九にして乃《すなわ》ち太子をえ、甚だ喜ぶ」(武五子《ぶごし》伝)と記されていることからしても、おそらくは自らの後継者として父武帝の期待を一身に受けて育ったものと思われる。皇太子拠は、前一一三(元鼎《げんてい》四)年、史良娣《しりょうてい》を妻に迎え、男子をなした。

順風満帆と思われた武帝と皇太子との関係であったが、前九二年に起こった事件を契機に大きくゆれはじめた。衛皇后の姉、衛君孺《くんじゅ》の連れ合いである公孫《こうそん》賀《が》は、皇后一族に連なったことが大きく作用して丞相《じょうしょう》に昇進していた。賀の子の敬声《けいせい》も九卿《きゅうけい》の一つ太僕《たいぼく》▲に任じられたが、巨額の公金横領事件を起こし、逮捕投獄されてしまった。公孫賀は息子の罪を贖《あなが》うべく画策したが、逆に虚偽の告発を受け、巫蠱《ふこ》▲をおこなったという疑惑をかけられ厳しく追及された。その結果、公孫賀父子は獄中で死に、なおかつ衛皇后の娘、つまり皇太子の姉妹である諸邑《しょゆう》公主と陽石《ようせき》公主、さらには衛皇后の弟衛青の子の衛伉《えいこう》があいついで連座し、誅殺された。いずれも皇后一族に連なる人物であり、それがために武帝の皇后ひいては皇太子に対するまなざしにも、この事件は大きく影響を与えたであろうことは疑いない。

　この事件を機に、微妙な空気が漂い出した武帝と皇太子との関係に、決定的な亀裂を生じさせることになる人物があらわれた。江充《こうじゅう》▲という男である。彼は、武帝期に特徴的な酷吏《こくり》と呼ばれる官僚の一人に数えられる。酷吏とは、皇帝の命令を絶対のものとし、刑罰の運用には極めて厳格・非情であった官僚を意味する。公孫弘とほぼ同時期に中央官界で活躍し、塩鉄専売制などの新経済政策を主導した張湯《ちょうとう》も、この酷吏を代表する人物である。江充という人物も、

▼**太僕**　皇帝の私有財産としての車馬の管理、および皇帝の私馬が飼育されている牧苑の管理をおこなう。また公式の行幸にさいしては、太僕自ら皇帝の車を御するとされている。

▼**巫蠱**　木製の人形を地中に埋めて呪詛し、他人を呪い殺そうとする呪術。蠱は虫のことで、多くの虫を器にいれると共食いを始め、最後に残った一匹には強い呪力が備わり、それでもって人を呪うのだとも説明される。

▼**江充**（？〜前九一）　趙国邯鄲《かんたん》（現在の河北省邯鄲市）の生まれ。趙国の太子の悪行を告発し、武帝の信をえる。武帝の使者となり、都やその周辺の治安維持や奢侈《しゃし》の取り締まりにあたり、成果をあげる。その後、帝室財政や新貨幣五銖銭の鋳造を担当する水衡都尉に昇進したが、巫蠱の乱において皇太子劉拠に誅殺された。

●武帝系図②

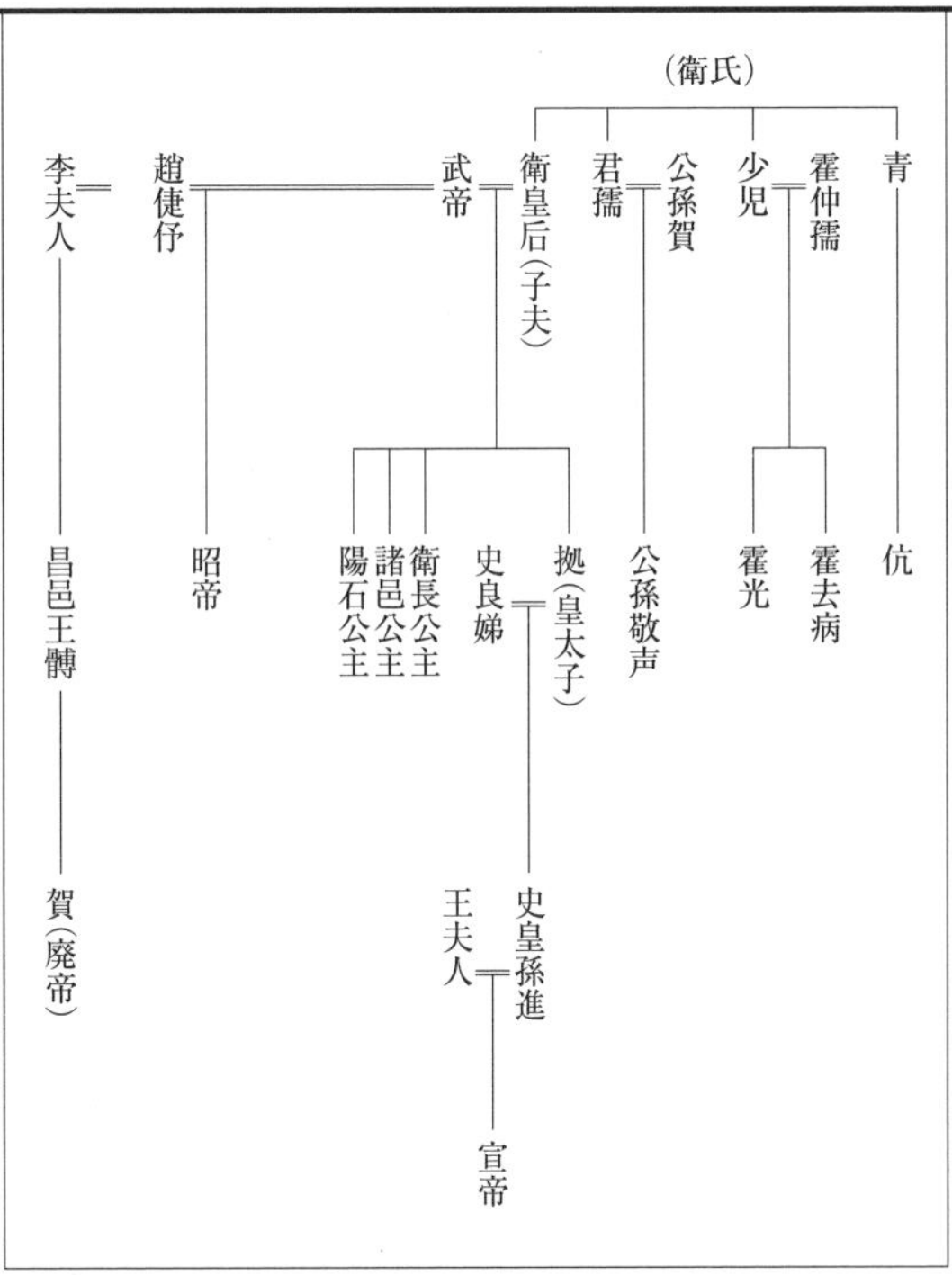

●武帝（台北故宮博物院蔵）

皇帝を絶対のものとし、その意志のみに忠実な、まさに酷吏そのものの忠勤さをもって武帝の信用を勝ちえていた。その江充が、皇太子の命によって武帝のもとに遣わされた家臣が皇帝専用道路（馳道《ちどう》）を通行したことをとがめ、その車馬を没収するという挙にでたことから、皇太子と反目するにいたった。そうした折、甘泉宮《かんせんきゅう》に行幸した武帝が病の床に伏してしまった。その報を聞いた江充は、「主上が年老いたのを実感し、主上が崩御したら（後継皇帝となる）皇太子に誅殺されるに違いないと恐れ」（江充伝）、それをきっかけに陰謀をなすこととなったのである。

　江充は、甘泉宮の病床にある武帝に上奏し、陛下の病は巫蠱によるものだと訴え、武帝から捜索の許可をえた。武帝の命を受けた江充は、長安城内の大捜査を展開し、やがて本命である皇太子にねらいを定めると、太子宮の敷地内から巫蠱の証拠物を発見した。江充の姦計が皇太子を窮地においつめたのである。進退窮まった皇太子は、彼の教育係だった太子少傅《たいししょうふ》石徳の言を容れ、前九一（征和二）年七月、皇帝の命と偽って江充らを逮捕し誅するにいたった。皇太子のこの行動は武帝の怒りを買い、武帝の命を受けた丞相率いる政府軍と皇太子軍との間で、長安城内を舞台に五日間におよぶ戦闘が繰り広げられた。結局、皇太子の軍は敗北し、皇太子は長安城を脱出し、東に位置する湖県に逃れたが、追っ手に包囲され、自殺した。享年三八歳だった。皇太子妃やその子どもたちはことごとく誅殺され、また母の衛皇后も自殺してしまい、ここに皇后衛氏一族は滅び去ることとなった。この事件を巫蠱の乱と呼ぶ。

巫蠱の乱にいたった遠因に関しては、一つに、高齢となった武帝が迫りくる死への恐怖から不老長生を願い、呪術の世界に傾倒していくことで、社会全体にただならぬ空気が蔓延していたという時代状況があげられる。また武帝と皇太子との父子関係にあって、性格穏やかな青年へと成長した皇太子に対して、父武帝が皇帝としての資質に不安不満を覚えるようになり、一方皇太子も父の政治に批判的になることで、両者の関係が険悪化していったことなども指摘されている。大帝国の最高権力者たる父と、その後継者としての地位を約束された息子。しかし、父は還暦をとうに過ぎ、一方息子は、父が皇帝に即位した歳の倍以上の年齢に達したとき、この父子の間にいかなる感情の交錯があったのかは知るよしもない。ただ高齢皇帝の死、次期皇帝の即位という事態が現実味を帯びてくるなかで、二人の周辺に群がっていた人々の野望野心が、かくも悲劇的な事態を招来したことは間違いないだろう。

いずれにせよ、齢六六歳になった武帝は、自らの手によって後継者たる皇太子の命を奪ってしまったのであり、結果、死期が迫るなかでの新たな後継者選びという難題に向き合うことになったわけである。

武帝の死

武帝には皇太子拠のほかに五人の男子がいたが、斉王閎《せいおうこう》と昌邑王髆《しょうゆうおうはく》はすでになく、また燕王旦《えんおうたん》と広陵王胥《こうりょうおうしょ》は問題行動が多いことから遠ざけられていた。よって残されたのは末子の弗陵《ふつりょう》だけだった。ただし、弗陵は武帝六三歳のときの子であり、皇太子拠死去のときにはまだ四歳の幼子だった。それでも武帝にほかの選択肢はなかった。前八七(後元《こうげん》二)年二月、五柞宮《ごさくきゅう》に行幸し、そこで病の床に伏した武帝は、八歳になった弗陵を皇太子に立て、その翌日、病床に霍《かっ》光《こう》▲、金日磾《きんじってい》▲、上官桀《じょうかんけつ》▲および桑弘羊《そうこうよう》の四人を呼び入れた。霍光伝にその場面が描写されている。

▼**霍光**(?〜前六八)　河東郡平陽県(現在の山西省臨汾市)の生まれ。対匈奴戦争の立役者の一人、霍去病の異母弟。霍去病の引き立てで郎官となり、その後侍中奉車都尉として武帝の側近に侍ること二十余年、武帝の信任をえる。武帝の死去にさいして遺詔を受け、幼き昭帝の輔翼の任につく。宣帝親政までの二〇年近く、漢の皇帝支配を支え続けた。

▼**金日磾**(前一三四〜前八六)　匈奴の休屠王の太子。前一二一(元狩二)年、霍去病率いる漢軍の攻撃により大損害を受けた休屠王は処罰を恐れ、渾邪王とともに漢に降伏せん

としたが、逡巡したため渾邪王に殺害された。そのため漢にくだった太子らは奴婢に落とされ、馬の飼育にあたることになったが、その忠勤さが武帝の認めるところとなり、侍中駙馬《ふば》都尉として武帝の側近に侍り、武帝の死後、霍光らとともに昭帝の輔翼にあたった。

▼**上官桀**（?〜前八〇）　隴西《ろうせい》郡上《じょう》邽《けい》県（現在の甘粛省天水市）の生まれ。若くして武官となる。その偉丈夫ぶりが武帝の目にとまるところとなり、侍中として武帝の側近に仕えた。武帝の死後、霍光や金日磾らとともに昭帝の輔翼の任にあたるが、ほどなくして霍光と対立し、燕王劉旦らと結んで霍光排除のクーデタを企てるも失敗し、誅殺される。

主上は光を大司馬大将軍《だいしばたいしょうぐん》に任じ、日磾を車騎《しゃき》将軍に任じ、また太僕上官桀を左将軍に、捜粟都尉《そうぞくとい》桑弘羊を御史大夫に任じた。みな臥室の枕元で拝命し、遺詔を受けて幼主を輔佐することとなった。その翌日、武帝は崩御し、太子が尊号を継いだ。これが孝昭《こうしょう》皇帝である。帝は時に八歳で、政はいっさい光によって決裁された。

遺詔を受けた四人のうち、霍光・金日磾・上官桀の三人は、いずれも前章で取り上げた皇帝側近の官僚群出身者である。霍光は、衛青と並ぶ対匈奴戦争の立役者の一人霍去病《かくきょへい》の異母弟ということで、若くして官界にデビューし、侍中《じちゅう》を加官《かかん》された側近の臣として「左右に侍り、禁中に出入りすること二十余年」（霍光伝）という人物だった。金日磾は匈奴休屠王《きゅうとおう》の太子だったという異色の人物で、彼もまた侍中として「左右に侍る」（金日磾伝）側近の臣となり、武帝に「甚だ親愛され」（同上）た。上官桀もまた武帝に「親近され、侍中と為っ」（外戚伝）ていた。こうした側近の臣三人が、皇帝の代替わりにさいしての不測の事態に備えて、それぞれ大将軍、車騎将軍、左将軍という将軍職に任命され、幼き皇帝を輔翼《ほよく》する体制がつくられたのである。

霍光伝には、いま一人、御史大夫桑弘羊の名があるが、「大将軍霍光、車騎将軍金日磾、御史大夫桑弘羊および丞相田千秋《でんせんしゅう》は、ならびに遺詔を受け、少主の輔導を命じられた」(田千秋伝)という史料もあることから、丞相田千秋も遺詔を受けて輔翼の任についたと考えていいだろう。そうなると、この輔翼の体制は、さきにみた「弁論」と同様な人的構成だったことになる。すなわち、自らの死期が迫るなかでの皇太子の死去といまだ幼き末子の擁立という事態に直面したとき、武帝はそれを一種の国家的危機と認識して、「国家多事」と対峙し超克せんがためにつくりあげた新しい皇帝支配のあり方を、前面に押し出した人的シフトを敷いたといえるだろう。

こうした遺詔を発した翌日、前八七年二月丁卯《ていぼう》の日、武帝劉徹《りゅうてつ》は死去した。享年七〇だった。その翌日、戊辰《ぼしん》の日、弗陵が皇帝の座についた。昭帝である。このとき八歳という年齢だった昭帝のもとで、どのような皇帝支配がおこなわれたのだろうか。右の霍光伝には、政務のいっさいが霍光によって執りおこなわれたと記されているが、武帝の遺詔によって霍光らに命じられた輔翼の具体的な中身はなんだったのだろうか。昭帝紀に、「大将軍光、政を秉《と》り、尚書の事を領す。車騎将軍金日磾・左将軍上官桀、副たり」という記事がある。側近の臣として昭帝の輔翼にあたる三人に、「尚書の事を領する(領尚書事《りょうしょうしょじ》)」という権限が付与され、霍光がおもにその任にあたり、金日磾および上官桀がそれを支えたというのである。それでは、この領尚書事とはいかなる政治権限なのだろうか。筆者は、これこそが武帝の死後も漢の皇帝支配を永続させた大きな要因の一つだと考えている。武帝の死によって顕然となった、彼がめざした皇帝支配の具体相を最後にみておこう。

昭帝輔翼体制——領尚書事

尚書は、財政をはじめ帝室関係全般を管轄する巨大な官庁であった少府《しょうふ》の一部局であるが、武帝以前の実相はほとんどわからない。武帝の世になって徐々に史書に登場するようになるが、それでも全容解明にはほど遠い。尚書という名称は、「書を尚《つかさど》る」ところに由来すると思われ、実際に宮廷内で使用される文具を主管したり(「武帝は、尚書に命じて筆と札書《さつしょ》を支給させた」司馬相如伝)、詔書などの重要な政治文書の保管にもあたっていたようだ(竇嬰《とうえい》伝)。それだけに、「書を善くするをもって尚書に給事した」(張安世《ちょうあんせい》)と、筆記能力に秀でた人材が集められている。そのなかで注目すべきは、前一一七(元狩六)年に武帝が三人の皇子(閎・旦・胥)を王に封建したさい、尚書の長である尚書令が皇子封建を請う臣下からの上奏文を武帝に取りついだり、武帝の指示・命令(の詔《みことのり》)を丞相らに下達するという役割を担っている(『史記』三王世家)点である。

後漢時代(二五～二二〇年)の史料ではあるが、「今、陛下の尚書有るは、猶《な》ほ天の北斗有るがごときなり。斗は天の喉舌《こうぜつ》たり。尚書も亦《ま》た陛下の喉舌たり。斗は元気を斟酌《しんしゃく》し、四時を運平《うんぺい》す。尚書は王命を出納し、政を四海に賦《し》く」(『後漢書《ごかんしょ》』李固《りこ》伝)とあり、尚書は、皇帝にとっての喉舌(のどと舌)のようなもので、皇帝の命令を出納し、天下に政令を布《し》くものであるとされている。武帝の三皇子封建のさいの尚書の役割は、まさに「陛下の喉舌」としてのあり方といえるだろう。この「陛下の喉舌」という擬人的な比喩にこそ、武帝のときに顕在化してくる尚書という組織の本質が投影されているのではないか。

そうした視点から武帝期以降の尚書の政治機能をみてみると、史書に「問状」・「責問」・「譴問《けんもん》」という言葉が散見されるようになる。「問状」とは、皇帝の発意あるいは官僚(官府)からの要請によっておこなわれる意見(事情)聴取を、皇帝の代理者として尚書が官僚(官府)と対峙しておこなうものである。通常、尚書は官僚(官府)からの意見・回答(「対」という)を受けて、それを皇帝へ報告する。これを「受対」という。一方、「責問」あるいは「譴問」は、官僚(官府)の職務遂行上の非違あるいは過失を、同じく皇帝の代理者としての尚書が督責《とくせき》するものであり、そのあり方は「問状」と軌を一にしている。こうしてみると、「陛下の喉舌」としての尚書は、一人の皇帝をもってしては困難になった、巨大な組織・官僚機構の統御運用を目的とした組織だったといえるだろう。それでは、前章で取り上げた側近官僚群との関係はいかなるものだったのか。結論的にいうと、側近官僚群はブレーントラストとして武帝の統治を支えつつ、「弁論」などをつうじて官僚機構の組織的統御運用をはかるという役割を担った。しかしそれは、その役割を組織機関として担う尚書が整備されてくるまでの過渡的なものだったのではないだろうか。

さて、領尚書事の検討を進めよう。漢代に、「尚書の事を領す」に類似した、「某官の職務を代行する」という意味をもつ「某官の事を行《こう》す(行某官事《こうぼうかんじ》)」という表現がある。ただし、幼き皇帝の輔翼をおこなう霍光らが、文具や書類の管理を代行したとは考えにくい。そうなると、この「尚書事」は官僚機構の組織的統御運用に関わる、「陛下の喉舌」としての尚書の政務と理解すべきであり、それを「領」する領尚書事という政治権限とは、尚書が「喉舌」の役割をはたしている「陛下」という存在、換言すれば体制的存在としての皇帝を「代行」するということなのではないだろうか。八歳の末子弗陵を後継者にと決断した武帝は、容易に予想される皇帝としての国政運営能力の低下という事態を、官僚機構を組織的に統御運用し国政を運営していくという、本来皇帝がなすべき政治行為、すなわち「尚書事」を、信任する臣下に代行させる、すなわち「領」させることで、一種の国家的危機を乗り切らんとしたのである。なお、武帝治世下にあって、ともに新しい皇帝支配の申し子として登場した側近の臣と尚書であったがために、武帝の死にさいして、この両者はなんらの違和感もなく領尚書事として融合し、皇帝輔翼の任をはたすことになったといえるだろう。

こうして領尚書事という政治権限を付与された臣下が、体制としての皇帝を代行するという政治体制が構築されたことにより、幼き昭帝へのバトンタッチは円滑におこなわれた。また昭帝が二一歳という若さで嗣子のないままになくなり、急遽擁立された昌邑王《しょうゆう》劉賀《りゅうが》▲が即位後わずか二七日で廃位される未曾有の事態にさいしても、領尚書事・霍光のもと漢の皇帝支配は大きくゆらぐことなく存続したのである。それにしても、こうしたあり方は一朝一夕に具現化できるものではない。かならずや武帝の半世紀をこえる治世をつうじてかたちづくられていったであろうことは、あらためて確認するまでもないだろう。

　前七四(元平《げんぺい》元)年、昌邑王劉賀廃位ののち擁立されたのは、巫蠱の乱でなくなった武帝の皇太子劉拠の孫である劉病已《へいい》、宣帝《せんてい》である。ときに一八歳だった。この間、領尚書事の権をもって皇帝支配を守護し続けた霍光は、宣帝を擁立すると領尚書事の権の返還を申し出たが、宣帝はそれを許さなかった。宣帝は巫蠱の乱後、民間で育ったため、皇帝支配のイロハにはまったく疎かったと思われる。こうした状況においてこそ、皇帝支配の安定化に領尚書事は不可欠だった。しかし、宣帝も年齢を重ねるとともに政治的に成長をみせ、「霍氏の誅せらるに及《およ》び、上、躬《みずか》ら親政し、尚書の事を省《み》る(省尚書事《せいしょうしょじ》)」(丙吉伝《へいきつ》)とあるよ

▼昌邑王劉賀(前九二〜前五九)
武帝の皇子の一人、昌邑王劉髆の子。父の死後、昌邑王を継ぐ。前七四(元平元)年、後嗣のないまま昭帝がなくなると、霍光は群臣にはかり、劉賀を皇帝に擁立した。しかし、新皇帝劉賀の常軌を逸した言動は目にあまるものがあり、そのため霍光ら群臣によって皇帝劉賀が廃位されるという未曾有の事態にいたった。この皇帝廃位に関しては、新皇帝劉賀によって実権者霍光を排除しようというクーデタ計画が進められたが、それを察知した霍光が先手を打って皇帝廃位を断行したのではないかという指摘もある。

うに、霍光の死後、霍氏が滅ぼされると、宣帝がようやく親政を開始し、「陛下の喉舌」たる尚書をつうじて官僚機構を統御運用し、国政を運営する、武帝がめざした皇帝支配の体制が復活することになったわけである。

始皇帝をもってしてもなしえなかった、皇帝支配を体制化し、巨大な統一国家を安定的にかつ継続的に統治していくという支配のあり方が、武帝によってつくりあげられたのである。それゆえに、漢はその後、紆余曲折ありながらも三〇〇年近くにわたって命脈を保つことができたといえるだろう。そうした意味において、漢の武帝こそ、中国史上初めて古代帝国をつくりあげた皇帝だったといえるのではないだろうか。ファーストエンペラー、始皇帝をこえた皇帝、それが漢の武帝だった。

武帝とその時代

紀元前	年号	齢	おもな事項
156	景帝1	1	劉徹，誕生
154	3	3	呉楚七国の乱
150	7	7	劉徹，皇太子となる
145	景帝中5	12	景帝中五年王国改革実施
141	景帝後3	16	景帝死去。劉徹即位（武帝）
140	建元1	17	賢良方正の士推挙を求める。董仲舒・公孫弘推挙される
139	2	18	建元二年の政変で丞相竇嬰，太尉田蚡ら失脚
135	6	22	竇太后死去。田蚡，丞相就任
134	元光1	23	孝廉制開始
133	2	24	馬邑の役。匈奴との和親関係破綻
132	3	25	黄河が瓠子で決壊（瓠子の「河決」）し，16郡が被災
131	4	26	丞相田蚡，死去
130	5	27	公孫弘ふたたび賢良文学に推挙され，博士に任じられる
129	6	28	対匈奴戦争の開始
128	元朔1	29	皇子拠，誕生。衛子夫，皇后となる
127	2	30	衛青，匈奴を攻撃し，河南の地（オルドス）を制圧
126	3	31	公孫弘，御史大夫となる
124	5	33	公孫弘，丞相となる
122	元狩1	35	皇子拠，皇太子となる
121	2	36	霍去病，匈奴を攻撃し，河西回廊を制圧。匈奴渾邪王，投降。丞相公孫弘，死去。張湯，御史大夫となる
119	4	38	皮幣・白金制定，五銖銭発行，塩鉄専売制開始
117	6	40	霍去病，死去
115	元鼎2	42	御史大夫張湯，自殺。桑弘羊，均輸法を施行する
113	4	44	武帝，郡国巡幸を開始
112	5	45	南越に出兵
111	6	46	南越・西南夷を平定
110	元封1	47	泰山で封禅の儀を挙行。平準法施行
109	2	48	瓠子の「河決」，23年ぶりに修復される
108	3	49	朝鮮を征服。楽浪郡など4郡を設置
107	4	50	衛青，死去
104	太初1	53	太初暦を制定
92	征和1	65	巫蠱の騒動始まる
91	2	66	丞相公孫賀，獄死。巫蠱の乱勃発。皇太子・皇后，自殺
87	後元2	70	武帝，死去。弗陵即位し，霍光ら輔翼する
74	元平1		昭帝，死去。昌邑王劉賀，即位するも27日で廃位。宣帝，即位
68	地節2		霍光，死去
66	4		宣帝の親政開始

参考文献

○始皇帝と武帝に関する文献

影山剛『漢の武帝』（歴史新書）教育社，1979 年

鶴間和幸『秦の始皇帝――伝説と史実のはざま』吉川弘文館，2001 年

永田英正『漢の武帝』清水書院，2012 年

籾山明『秦の始皇帝――多元世界の統一者』白帝社，1994 年

吉川幸次郎『漢の武帝』（岩波新書）岩波書店，1949 年

○時代背景に関する文献

阿部幸信「武帝期・前漢末における国家秩序の再編と対匈奴関係」『早期中国史研究』1，2009 年

大櫛敦弘「使者の越えた「境界」――秦漢統一国家体制形成の一こま」『東洋史研究』72-1，2013 年

大庭脩『秦漢帝国の威容』（図説中国の歴史 2）講談社，1977 年

大庭脩『秦漢法制史の研究』創文社，1982 年

影山剛『中国古代の商工業と専売制』東京大学出版会，1984 年

紙屋正和『漢時代における郡県制の展開』朋友書店，2009 年

杉村伸二「景帝中 5 年王国改革と国制再編」『古代文化』56-10，2004 年

杉村伸二「前漢景帝期国制転換の背景」『東洋史研究』67-2，2008 年

多田狷介『漢魏晋史の研究』汲古書院，1999 年

鶴間和幸『ファーストエンペラーの遺産――秦漢帝国』（中国の歴史 3）講談社，2004 年

冨田健之「漢時代における尚書体制の形成とその意義」『東洋史研究』45-2，1986 年

冨田健之「尚書体制形成前史――前漢前半期の皇帝支配をめぐって」『日本秦漢史学会会報』4，2003 年

西嶋定生『中国古代帝国の形成と構造――二十等爵制の研究』東京大学出版会，1961 年

西嶋定生『中国古代国家と東アジア世界』東京大学出版会，1983 年

西嶋定生『秦漢帝国――中国古代帝国の興亡』（講談社学術文庫）講談社，1997 年

福井重雅『漢代官吏登用制度の研究』創文社，1988 年

濱川栄『中国古代の社会と黄河』早稲田大学出版部，2009 年

福永善隆「前漢における内朝の形成――郎官・大夫の変遷を中心として」『史学雑誌』120-8，2011 年

福永善隆「漢代における尚書と内朝」『東洋史研究』71-2，2012 年

藤田勝久『司馬遷とその時代』東京大学出版会，2001 年

目黒杏子「前漢武帝の巡幸――祭祀と皇帝権力の視点から」『史林』94-4，2011 年

山田勝芳『秦漢財政収入の研究』汲古書院，1993 年

米田健志「前漢後期における中朝と尚書――皇帝の日常政務との関連から」『東洋史研究』64-2，2005 年

李開元『漢帝国の成立と劉邦集団――軍功受益階層の研究』汲古書院，2000 年

渡辺信一郎『天空の玉座――中国古代帝国の朝政と儀礼』柏書房，1996 年

渡辺信一郎『中国古代の財政と国家』汲古書院，2010 年

図版出典一覧

王仁波主編『秦漢文化』学林出版社，2001 年　*42, 43* 上 , 下 , *61*
CPC 提供　カバー表, 裏 , 扉 , *77, 80*
ユニフォトプレス提供　*13* 上 , 下 , *21*

冨田健之(とみた けんし)
1955年生まれ
九州大学文学部卒業
九州大学大学院文学研究科博士後期課程中途退学
現在，崇城大学総合教育センター教授
専攻，中国古代史

主要論文

「漢時代における尚書体制の形成とその意義」(『東洋史研究』45-2. 1986)
「後漢前半期における皇帝支配と尚書体制」(『東洋学報』81-4. 2000)
「尚書体制形成前史」(『日本秦漢史学会会報』4. 2003)
「前漢武帝期政治制度史序説」(『川勝賢亮博士古稀記念東方学論集』汲古書院 2013)

世界史リブレット人⑫
武《ぶ》 帝《てい》
始皇帝《しこうてい》をこえた皇帝《こうてい》

2016年2月20日　1版1刷発行
2021年9月5日　1版2刷発行

著者：冨田健之《とみたけんし》

発行者：野澤武史

装幀者：菊地信義

発行所：株式会社 山川出版社

〒101-0047　東京都千代田区内神田1-13-13
電話　03-3293-8131(営業) 8134(編集)
https://www.yamakawa.co.jp/
振替　00120-9-43993

印刷所：株式会社 プロスト

製本所：株式会社 ブロケード

 ISBN978-4-634-35012-0